VASO COTTURA VELOCE

100 Ricette pronte in pochi minuti da gustare e conservare fino a 15 giorni.

Con manuale teorico e facile di come usare il microonde

Federico Vapori

Copyright © 2021 – Federico Vapori

Tutti i diritti riservati.

Questo documento è orientato a fornire informazioni esatte e affidabili in merito all'argomento e alla questione trattati. La pubblicazione viene venduta con l'idea che l'editore non è tenuto a fornire servizi di contabilità, ufficialmente autorizzati o altrimenti qualificati. Se è necessaria una consulenza, legale o professionale, dovrebbe essere ordinato un individuo praticato nella professione.

Non è in alcun modo legale riprodurre, duplicare o trasmettere qualsiasi parte di questo documento in formato elettronico o cartaceo. La registrazione di questa pubblicazione è severamente vietata e non è consentita la memorizzazione di questo documento se non con l'autorizzazione scritta dell'editore.

Tutti i diritti riservati.

Le informazioni fornite nel presente documento sono dichiarate veritiere e coerenti, in quanto qualsiasi responsabilità, in termini di disattenzione o altro, da qualsiasi uso o abuso di qualsiasi politica, processo o direzione contenuta all'interno è responsabilità solitaria e assoluta del lettore destinatario. In nessun caso qualsiasi responsabilità legale o colpa verrà presa nei confronti dell'editore per qualsiasi riparazione, danno o perdita monetaria dovuta alle informazioni qui contenute, direttamente o indirettamente.

Le informazioni qui contenute sono fornite esclusivamente a scopo informativo e sono universali. La presentazione delle informazioni è senza contratto né alcun tipo di garanzia. I marchi utilizzati all'interno di questo libro sono meramente a scopo di chiarimento e sono di proprietà dei proprietari stessi, non affiliati al presente documento.

Sommario

STORIA E TEORIA — 10

- NASCITA DELLA VASOCOTTURA — 11
- STRUMENTI NECESSARI — 13
- CARATTERISTICHE MICROONDE E MANUTENZIONE — 14
- CARATTERISTICHE VASETTI E MANUTENZIONE — 15
- IL TEST DELLA POTENZA — 17
- LA COTTURA CONTEMPORANEA — 18
- POST-COTTURA, RIPOSO E APERTURA DEI VASETTI — 20
- CONSERVAZIONE: FRIGORIFERO O CONGELATORE — 20
- ALIMENTI E VASOCOTTURA — 21
- CURIOSITÀ VARIE — 23

ANTIPASTI — 26

- VONGOLE ALLA PESCATORA — 27
- IMPEPATA DI COZZE ALLA SICILIANA — 28
- TORTINO DI PEPERONI E PATATE — 29
- FLAN DI ASPARAGI — 30
- INSALATA DI MARE E FAGIOLI — 31
- TARTRÀ POPOLARE DEL PIEMONTE — 32
- GIARDINIERA — 33
- INSALATA RUSSA — 34
- CHEESECAKE SALATA CON SALMONE — 35
- ZUPPA DI COZZE CON ZAFFERANO — 36

PRIMI — 38

- MINESTRA DI ZUCCHINE TROMBETTA DI ALBENGA — 39
- POLENTA AI FORMAGGI — 40
- PASTA E FAGIOLI — 41
- LASAGNE ALLA BOLOGNESE — 42

COUS COUS AL SAPORE DI MARE	43
ORZO CON ZUCCA E SPECK	44
RAVIOLI AL POMODORO	45
QUINOA ALLA MEDITERRANEA	46
RISO ALLA CANTONESE	47
RIBOLLITA	48
VELLUTATA DI ZUCCA	50
SPAGHETTI AI FRUTTI DI MARE	51
ZUPPA DI FUNGHI, CASTAGNE E ZUCCA	52
CRESPELLE AL SALMONE	53
ORZO ALLA CAMPIDANESE	54
LASAGNETTA VERDE AGLI ASPARAGI E BRIE	55
MINESTRONE ESTIVO	56
TIMBALLO DI RISO E MELANZANE	57
GNOCCHI CON ZUCCHINE	59
CONCHIGLIONI RIPIENI	60
PAPPA AL POMODORO	61

SUGHI — **64**

RAGÙ ALLA BOLOGNESE	65
RAGÙ DI LENTICCHIE	66
SUGO ALLA PUTTANESCA	67
SUGO ALL'AMATRICIANA	68
SALSA DI POMODORINI	69
SUGO AI FUNGHI	70
PESTO DI ZUCCHINE	71
BRODO DI PESCE	72
BRODO DI CARNE	73

SECONDI — **76**

ROAST BEEF	77
POLLO ALLE PATATE	78

INVOLTINI DI CARNE CON PANCETTA E CARCIOFI	79
BACCALÀ PICCANTE CON PREZZEMOLO	80
PESCE STOCCO ALLA MESSINESE	81
SCAMPI AL PANGRATTATO CON POMODORI	82
FEGATO ALLA VENEZIANA	83
GAMBERI AL CURRY	84
BRANZINO SOTTOVUOTO	85
POLLO ALLE OLIVE	86
SALMONE CON POMODORINI ED ERBE	87
HAMBURGER CON PATATE	88
TONNO CON CIPOLLE	89
POLPETTONE	90
CALAMARI CON PATATE	92
FILETTI DI ORATA CON PATATE	93
POLPO PICCANTE AL VINO ROSSO	94
RIBS ALLE TRE SALSE	96
SEPPIE CON TIMO	97
TROTA SALMONATA CON ANETO E ARANCIA	98
TORTINO DI ALICI CON PATATE	99
POLLO ALLE MANDORLE	100
ZUPPA DI PESCE	101

VERDURE E FORMAGGI   **104**

PEPERONI RIPIENI	105
TORTINO AI FINOCCHI	106
FAGOTTINI DI VERZA	107
SPEZZATINO DI VERDURE	108
ZUCCHINE CON RIPIENO	109
PARMIGIANA DI MELANZANE GRIGLIATE	110
SCAROLA IN BOTTE	111
POLPETTE DI RICOTTA E SPINACI	112
FONDUTA DI PARMIGIANO	113

UOVA CON ZUCCHINE	114
RICOTTA ALLA MEDITERRANEA	115
PARMIGIANA DI ZUCCHINE	116
FETA ALLA GRECA	117

CONTORNI — 120

CAROTE ALLA PARMIGIANA	121
PATATE SEMPLICI	122
FAVE FRESCHE	123
CIPOLLINE IN AGRODOLCE	124
CAVOLINI DI BRUXELLES	125
PATATE ALLA VALDOSTANA	126
BROCCOLI CON UVA E PINOLI	127
TORTINO DI ZUCCHINE E PATATE	128
ZUCCHINE ALLE ERBE	129
CARCIOFI TRIFOLATI	130
MELANZANE ALLA SALERNITANA	131
PEPERONI	132
PROSCIUTTO COTTO CON PISELLI	133
RADICCHIO IN ACETO E OLIO	134

DOLCI — 137

BUDINO AL CIOCCOLATO BIANCO	138
BONET	139
MARMELLATA DI ARANCE	140
CHEESECAKE CON AMARETTI E PESCHE	141
PORRIDGE	142
PANNA COTTA ALLE FRAGOLE	143
MELE COTTE	144
PERE AL CIOCCOLATO	145
MOUSSE ALL'ARANCIA E MASCARPONE	146
YOGURT DOLCE	147

RISO CON LATTE AL CIOCCOLATO	148
CREMA AL PANETTONE	149
TIRAMISÙ	150
CROSTATINA ALLA CREMA DI LATTE CON FRAGOLE	151

Nascita della vasocottura

Il termine "vasocottura" è un neologismo coniato e registrato sul vocabolario Treccani nel 2017. Significa letteralmente "cottura in vaso", ed è infatti una tecnica culinaria che prevede la cottura nel forno a microonde di alimenti sigillati sottovuoto in appositi vasi di vetro, come quelli delle conserve. L'effetto è quello di preservare le proprietà organolettiche e nutritive degli alimenti, riscoprendo allo stesso tempo l'esplosione di gusto che molte volte viene perso cuocendo con il metodo tradizionale.

È doveroso precisare, tuttavia, il tempo e luogo. Questa tipologia di cottura, infatti, si può dire che fosse già impiegata dalla nostra precedente generazione: le nostre nonne, ad esempio, solevano preparare le conserve di verdure da utilizzare più avanti, cuocendo direttamente a bagnomaria i vasi. Più avanti, i proprietari dei ristoranti più famosi e d'elité, decisero progressivamente di investire nell'acquisto di costosi macchinari per la cottura a bassa temperatura, come roner professionali, forni ed ebollitori sottovuoto, consapevoli delle enormi potenzialità e benefici che potesse dare questo sistema di cottura e conservazione.

Parallelamente, crescevano i primi tentativi domestici di fare frutto di questa tecnica dapprima sconosciuta: non era difficile trovare forum o blog sul web di persone comuni che condividevano la propria esperienza di cottura di alimenti in vasi tramite il lavastoviglie e microonde. Fu proprio la crescita esponenziale della tecnologia informatica a rendere sempre più alla portata di tutti, la ricerca di queste informazioni. Uscivano computer sempre più veloci e performanti. Avere un personal computer diveniva di uso popolare. Utilizzare motori di ricerca come Google era un'assoluta novità, intrigante e curiosa.

Poi ci fu una seconda esplosione informatica che stravolse per sempre la vita alla maggior parte di noi: la diffusione dei social network. Se dapprima pensavamo di aver visto tutto con forum online sempre più variegati, completi e trafficati, la nascita e diffusione di Facebook cambiò radicalmente la nostra concezione di condivisione. Ecco che nell'ultima decade, dai forum si passò a vere e proprie pagine Facebook, Twitter e Instagram, piene di persone curiose e motivate a provare questa tecnica, snobbata inizialmente come assurda e pericolosa.

Una tecnica culinaria di nicchia, conosciuta da pochi, è ormai sempre più sulla bocca di tutti. Se molti dei vostri amici non ancora sentito cos'è e cosa significa la vasocottura, presto lo sentiranno da voi o da altri. Questo metodo di cottura, infatti, sebbene non abbia ancora raggiunto l'apice di diffusione, presto lo farà per la sua facilità, velocità d'impiego e comodità.

Strumenti necessari

L'occorrente per iniziare la propria esperienza nella vasocottura è:

- **Un microonde** moderno, capiente, con potenza regolabile e funzioni attivabili quali grill e crisp
- **Un frigorifero** multipiano dove conservare in comodità
- **Più vasetti** di dimensione diversa, 370 – 500 – 750 – 1000 ml e così via, con guarnizione sottile e quattro ganci, e con guarnizione spessa a tappo.

Gli strumenti complementari sono:

- **Piatto o teglia grigliante per microonde**, un piatto doratore da adoperare per rosolare uniformemente con la funzione grill o crisp attiva, per le ricette che richiedono questo passaggio
- **Vaporiera**, un contenitore di plastica forato con coperchio da servirsi per la cottura a vapore

Questi strumenti sono utili e comodi ma allo stesso tempo facoltativi, poiché per adempiere ai passaggi delle ricette dove viene richiesto di rosolare, sfumare, evaporare o grigliare, si può sempre ricorrere alla più classica e tradizionale padella, al forno statico e ventilato e della pentola a pressione. Nel caso della vaporiera, ancora, si può riprodurre l'effetto con una teglia in Pirex, da rivestire con una pellicola protettiva per alimenti, dove applicare poi tanti piccoli forellini con uno stuzzicadenti.

Caratteristiche microonde e manutenzione

La maggior parte delle ricette prevede un tempo di cottura ad una potenza prefissata media, che è stata registrata con l'impiego di un microonde che sicuramente sarà diverso da quello che avete voi in casa o potreste acquistare.

Prima di capire come sopperire al problema è necessario comprendere, infatti, le caratteristiche di ogni microonde che variano in base al:

- Volume libero interno utilizzabile, quindi la sua capacità;
- alla distanza tra il magnetron (l'emittore delle microonde posto di solito sulla sommità) ed il piatto rotante.
- al magnetron da cui è costituito

In quanto sostituto del piano cottura, non è esente dalla necessità di pulizia dopo ogni utilizzo. Sempre per evitare di compromettere la buona riuscita della cottura di una ricetta, nonché ovviamente dell'integrità dello strumento principale di questa tecnica, sarà necessario:

- Asciugare le pareti interne con un panno non ruvido, prima che i residui gassosi grassi si solidifichino e creino delle croste
- Pulire bene la mica: la piastra porosa posta a protezione del magnetron. Questa è una delle accortezze più importanti per evitare il rilascio di grasso carbonizzato tramite le microonde prodotte dal magnetron durante la cottura.
- Tenere libere le prese d'aria esterne
- Arieggiare l'interno, tenendo lo sportello semi-aperto per 20 minuti

Caratteristiche vasetti e manutenzione

La conoscenza dei vasetti è importante, perché non esiste un modello unico universale migliore degli altri, ma ne esistono tanti adatti a ricette ed usi diversi.

La prima distinzione da fare è sulla guarnizione:
- sottile, come per i vasetti di marca Weck e simili
- spessa, come per i vasetti di marca Bormioli e simili

La seconda distinzione riguarda il tipo di chiusura:
- con i ganci attaccati al tappo
- con tappo a chiusura ermetica
- con tappo a pressione in sigaro

La terza distinzione è sul volume:
- 350 / 370 ml
- 500 ml
- 750 ml
- 1000 ml
- 1500 ml
- 2000 ml
- 3000 ml

Per la cottura a microonde sarà necessario possedere più vasetti di capacità, guarnizione e tipo di chiusura differenti, salvo per quelli in sigaro. Nel dettaglio possiamo elencare il tipo migliore a seconda del piatto da preparare:

- Antipasti – 500+ ml, guarnizione spessa, chiusura ermetica
- Primi piatti sostanziosi – 500+ ml, guarnizione spessa, chiusura ermetica
- Secondi piatti – 500+ ml, guarnizione indifferente, chiusura indifferente
- Contorni – 500+ ml, guarnizione sottile, ganci
- Sughi, zuppe o minestre – 750+, guarnizione sottile, ganci
- Dolci – 350 ml, guarnizione sottile, ganci

Seguire sempre quanto indicato nella ricetta, tuttavia, è doveroso per riprodurre fedelmente il piatto per come è descritto. Quando avrete preso dimestichezza e provato molte ricette, la vostra esperienza acquisita sul campo vi permetterà di variare più facilmente. Lo scopo ultimo è evitare di commettere errori grossolani che compromettano il sapore e la buona riuscita del piatto che vi siete prefissati di realizzare.

La manutenzione e pulizia, anche in questo caso, non è solo doverosa per questioni di igiene, ma anche per garantire sempre la creazione del sottovuoto necessario alla conservazione. Nello specifico gli accorgimenti da adottare sono:

1. Rimuovere dove possibile i ganci di chiusura per una migliore pulizia
2. Lavare a mano o in lavastoviglie ganci e guarnizioni
3. Porre ad asciugare all'aria per 1 ora ganci e guarnizioni dopo il lavaggio, poi finire con un panno asciutto
4. Rimontare il vasetto già pulito e lavato

Bisogna anche verificare lo stato progressivo di usura di questi componenti, sostituendoli quando si rende necessario. È fisiologico, infatti, che le guarnizioni si schiariscano, sviluppino cattivi odori e perdano elasticità. Inoltre i vasetti con i ganci, ancora nuovi e mai usati, vanno comunque sempre igienizzati e sgrassati per sicurezza, con l'utilizzo se necessario di uno sgrassatore non aggressivo e di uno spazzolino non abrasivo.

Il test della potenza

Per cercare di porti su una situazione di partenza livellata e simile rispetto alle ricette, è doveroso a questo punto effettuare la prova di potenza del nostro microonde. Questo test è fondamentale per aggiustare in anticipo il tiro, e cuocere con la propria potenza testata, invece che ad esempio a 750 W come media di cottura per la maggior parte delle ricette.

Il test deve essere ripetuto per ogni vasetto di capacità diversa come segue:

1. Riempite di acqua a temperatura ambiente per circa 3/4 del suo volume
2. Ponete in microonde alla potenza di 750 W e fate partire un cronometro
3. Osservate quanti minuti e quanti secondi sono passati da quando l'acqua ha iniziato a bollire
4. Appuntate su un taccuino o blocco appunti i risultati
5. Ripetete per ogni vasetto di capacità diversa che avete

Ora dovrete confrontare i risultati ottenuti con quelle del microonde usato per testare e scrivere le ricette, cioè come segue:

Vasetto 350 ml – Tempo di ebollizione compreso tra 140 e 160 secondi

Vasetto 500 ml – Tempo di ebollizione compreso tra 3 minuti e 45 secondi e 4 minuti e 15 secondi

Vasetto 750 ml – Tempo di ebollizione compreso tra 5 minuti e 30 secondi e 6 minuti e 30 secondi

Vasetto 1 l – Tempo di ebollizione compreso tra 7 minuti e 15 secondi e 8 minuti 45 secondi

Risultati:

A) Se avete ottenuto un tempo compreso in questi valori, potete leggere le ricette senza effettuare cambiamenti

B) Se avete ottenuto un tempo maggiore, dovete ripetere il test per i vasetti di capacità fuori dal limite, alzando la potenza, fino ad ottenere un valore compreso. Potete ora leggere le ricette, applicando la vostra nuova potenza testata, per la stessa quantità di tempo descritta

C) Se avete ottenuto un tempo inferiore, come sopra, dovete ripetere il test. Continuate fino a trovare valori compresi. Leggete ora le ricette e applicate i cambiamenti per la stessa finestra temporale.

La cottura contemporanea

Ogni ricetta è stata scritta presupponendo l'attenta lettura e lo studio di questi due fondamentali passaggi:

> Il test della potenza
> La consapevolezza che una diversa occupazione di volume nel microonde, fa cambiare tutte le proporzioni di potenza e tempo necessarie alla cottura

Come hai visto poco fa, è indispensabile conoscere quale effettiva potenza utilizzare per ogni vasetto in sostituzione di quella scritta nelle ricette. Il microonde impiegato, infatti, è o sarà sicuramente diverso da quello usato da te (capacità, distanza magnetron-piatto e materiale magnetron). Ma non basta.

Ora sai anche che inserendo nel microonde un vasetto pieno d'acqua posta a bollire, il tempo impiegato varierà in funzione del volume. Da ciò, puoi dedurre da solo, che quindi il tempo varierà anche se nel microonde sono contenuti più vasetti uguali. Il volume complessivo, infatti, risulterebbe maggiore allo stesso modo di come se avessi collocato un solo vasetto più grande, stravolgendo di fatto il test e la lettura delle ricette.

Per sopperire a questo problema semplicemente ti basterà:

- Mettere a cuocere un solo vasetto per volta; durante il tempo di cottura del primo, preparare e assemblare il secondo; ripetere per tutti i vasetti

Nonostante quindi all'interno del libro ci sia scritto di cuocere tutti i vasetti contemporaneamente, applicate questo accorgimento. Il nostro microonde professionale, infatti, ha delle peculiarità che difficilmente sono ritrovabili nell'acquisto di un microonde per uso domestico.

Una seconda possibile soluzione, è quella di applicare il test alla cottura di più vasetti della medesima capacità, tuttavia, è consigliata solo qualora tu abbia un microonde molto grande, dotato di bocchettoni esterni, e con il magnetron posto sulla parte superiore. La motivazione è che per apparecchi più piccoli, o che non rispettano le caratteristiche descritte, le microonde non colpiscano "i bersagli" allo stesso modo, causando una cottura difforme, troppo lieve e non sufficiente neppure a creare il sottovuoto necessario alla conservazione. Ricordati che d'altra parte, il test è fatto con acqua, mentre nelle ricette di tutti i giorni cucinerai alimenti solidi, semi-solidi, fluidi e diversi tra loro all'interno.

Post-cottura, riposo e apertura dei vasetti

È importante prestare particolare attenzione innanzitutto al post-cottura dei vasetti, infatti lasciarli riposare a temperatura ambiente una media di 20 minuti a temine cottura ne garantisce:

> - La salvaguardia della sicurezza, perché appena sfornati i vasetti hanno al proprio interno una forte pressione dovuta al calore. Anche per questo motivo è importante adoperare 4 ganci invece che 2 nei vasetti a guarnizione sottile.
> - Il termine della cottura e la formazione del sottovuoto.

Trascorso il tempo necessario, puoi ora pensare di aprirli, tuttavia ci sono vasetti a guarnizione spessa e agganciati al tappo, che per essere aperti vanno sganciati e riposti in microonde qualche minuto alla massima potenza. Con quelli a guarnizione sottile si potrebbe anche tirare la guarnizione a freddo, facendo sfiatare il vapore gradualmente e proteggendosi le mani, ma si rischierebbe di comprometterne l'integrità. La guarnizione, infatti, è tanto più elastica quanto è calda.

Un altro aspetto da ricordare è che i vasetti conservati in frigorifero per un consumo successivo, quando li estraete, sono da lasciare a temperatura ambiente da 1 a 2 ore. Questo al fine di avere possibili fratture nel vetro avendo un'escursione termica eccessiva nel passaggio freddo del frigorifero-caldo del microonde.

Conservazione: frigorifero o congelatore

La conservazione delle pietanze preparate in antecedenza tramite vasocottura, deve in ogni caso avvenire in frigorifero. Questo perché il grado di sterilizzazione non è sufficiente ed abbastanza forte a tenere i vasetti sottovuoto alla temperatura ambiente della dispensa.

Rispetta sempre i tempi massimi di conservazione indicati così da evitare spiacevoli proliferazioni batteriche, ed inoltre, soprattutto, assicurati che la guarnizione non sia usurata, non sia uscita dal suo vano e che quindi abbia permesso a tutti gli effetti la formazione del sottovuoto.

Contrassegna i vasi che tieni in frigorifero: applica un'etichetta di carta o una striscia di carta adesiva per scriverci poi a pennarello la data in cui è iniziata la conservazione. Questo perché sarà facile dimenticare con esattezza il giorno e momento in cui li avevi cucinati, a maggior ragione se ne prepari di più.

Per quanto riguarda la riposizione dei vasetti già preparati in congelatore, è possibile senza nessun problema. L'unica accortezza da tenere a mente in più, è che il tempo in cui andranno lasciati scongelare sarà ovviamente maggiore, per i motivi di escursione termica già visti. Per sopperire a questo fastidio, puoi riporli in microonde a funzione scongelamento dai 5 ai 10 minuti a seconda del preparato. Poi procedi a riscaldare normalmente.

Alimenti e vasocottura

Ciò che possiamo preparare tramite questo metodo di cottura, è quasi illimitato:

- Pasta: ogni genere di pasta è ammessa, partendo dalle classiche lasagne bolognesi al ragù o al pesto, ai più tradizionali rigatoni al sugo di pomodoro. Il sapore non si disperderà. L'unico difetto è la conservazione limitata, pari ad un consumo entro le 24 ore.
- Riso: ottimo il parboiled, così da avere già una base idonea di partenza. In caso contrario ci vuole molta pazienza ed attenzione, perché il riso come per tutti gli altri cereali, avrà bisogno di potenze di cottura ridotte e tempi lunghi per permettere che l'acqua sia assorbita in modo uniforme.

   Altri cereali possibili sono la quinoa o l'orzo. Il farro ad esempio prevederebbe tempi troppo lunghi e non si addice.

- Uova e latticini: sì, si possono impiegare avendo solo cura a non usare potenze alte e tempi medio-lunghi. Esistono ricette velocissime come quelle a base di ricotta che possono venire molto bene.
- Carne: in questo caso è opportuno dividere tra carni bianche e carni rosse. Le carni bianchi sono più consigliate perché facili da rendere tenere; le carni rosse, invece, specialmente quelle di manzo, hanno necessariamente un taglio più spesso e per questo bisogna impiegare tempi più lunghi e potenze basse. Per riassumere, perciò, via libera soprattutto a pollo, tacchino, coniglio, carne di vitello o maiale a taglio sottile. Difficili manzo, cavallo e bovino.
- Pesce: il discorso di ripete. Sarà più facile preparare con efficacia e sapore pesci più teneri e morbidi, più ostico avere successo con molluschi come il polpo o crostacei come i gamberi ed aragoste.
- Verdure: si possono cuocere tutte le tue preferite. Una nota va dedicata solamente alle foglie verdi come gli spinaci che tengono a perdere molto volume durante la cottura. Assicuratevi che il piatto sia composto oppure se è un contorno unico, riempite il più possibile per intero il vasetto. Con questo piccolo suggerimento, sfrutterai la riduzione di volume senza perdere la proprietà fondamentale del sottovuoto.
- I legumi: si e no. Le lenticchie, le fave o i piselli per esempio, non avranno problemi dopo un iniziale preammollo. Fagioli, soia o ceci, invece come altri, richiederebbero tempi di cottura troppo lunghi e per tanto non sono considerati idonei alla vasocottura.
- Patate: difficoltà media. L'unica osservazione da fare è verificare la quantità di acqua che sono in grado di rilasciare. Tagli a pezzi o pezzetti solitamente non creano imprevisti, ma se l'idea è di fare patatine sottili, si corre il rischio che la percentuale di acqua non basti e che quindi rimangono poi troppo dure. Considerate a questo proposito di farle sbollentare in padella prima di procedere.
- Funghi: ammessi quelli commestibili. Evita i funghi tossici e andrai bene.

Curiosità varie

La vasocottura è un procedimento valido perché sano e veloce. Le proprietà nutritive ed i colori iniziali degli alimenti rimangono pressoché invariati: la quasi totale assenza di liquidi infatti ne evita la dispersione. Non solo. Si avranno anche piatti dai sapori amplificati, così da ridurre l'impiego di insaporitori o condimenti non dietetici. I vasetti sono comodi anche per pasti da lavoro: si possono portare con sé e riscaldarli poi a microonde il tempo necessario se a nostra disposizione, oppure, in caso contrario, preriscaldarli al mattino e travasare in un contenitore salva fragranza ed ermetico.

La domanda che ognuno di noi si può porre è: se facesse male? In realtà le onde impiegate sono simili a quelle del wi-fi come lunghezza d'onda, quindi innocue, e poi rimangono in un ambiente protetto, quello del microonde. La loro caratteristica è quella di accelerare il movimento delle molecole di liquido come l'acqua contenuta negli alimenti, così da innescarne la cottura. Maggiore sarà il liquido contenuto, maggiore sarà la velocità di cottura.

È degno di nota, invece, capire che non tutti i contenitori vanno bene. La percentuale di alluminio contenuta in alcuni di essi, potrebbe far scatenare scintille. Ma anche la forma degli oggetti metallici è importante.

Nonostante sembri un paradosso, alcune particolari forme creano campi elettromagnetici interni al microonde contrastanti, tali da produrre scintille che se non fermate, possono danneggiare il magnetron.

Per cui, salvo vaschette in alluminio sottile, ne sconsiglio l'utilizzo se non esplicitamente indicato nell'etichetta all'acquisto.

LEGENDA SIMBOLI

 Tempo stimato di preparazione ricetta

 Tempo necessario di cottura in microonde

 Tempo massimo di conservazione

 Numero di vasetti e volume

 Numero di commensali consigliato

 Livello di difficoltà della ricetta da 1 a 5

 Scannerizzare i QR code presenti per visualizzare il risultato finale della ricetta

ANTIPASTI

Per iniziare al meglio, ecco qui un assortimento di cibi appositamente preparati per stuzzicare l'appetito, come una buona giardiniera o un'insalata di mare

Vongole alla pescatora

INGREDIENTI

700 g di vongole veraci
2 rametti di prezzemolo
1 spicchio d'aglio
2 cucchiai di olio extravergine d'oliva
q.b. di sale, pepe e vino bianco

 5 minuti

 7 minuti

 2-3 giorni

 1 da 1 litro

 2 persone

 2 / 5

PROCEDIMENTO

- Sposta le vongole in una ciotola, aggiungendo un pizzico di sale grosso secondo i propri gusti, e coprendo poi con acqua. Ora mescola il contenuto e lascia riposare circa 2 ore, tempo che le vongole possano spurgare.
- Inserisci uno spicchio d'aglio e un rametto di prezzemolo nel vasetto. Versa poi le vongole, aggiungendo olio e pepe. Fai attenzione a pulire il bordo, per poi chiudere e sigillare il vasetto.
- A questo punto avvia la cottura a microonde per circa 7 minuti a 700 W.
- Terminato il tempo lascia riposare per 15 minuti. Con il prezzemolo avanzato, fai un trito da adoperare per guarnire le vongole servite sul piatto.

SUGGERIMENTI

- Per un gusto più intenso e se di tuo gradimento, puoi inserire il vino bianco nel vasetto poco prima di iniziare la cottura a microonde.
- Qualora tu avessi delle vongole surgelate, puoi usarle al posto di quelle fresche, semplicemente scongelandole prima e facendole cuocere per 1 minuto aggiuntivo.
- Questa ricetta si presta ad essere impiegata anche con pasta alternativa, anche lunga come gli spaghetti.

Impepata di cozze alla sicilian

INGREDIENTI

1000 g di cozze
200 g di pomodori pelati
1 peperoncino piccante
1 spicchio d'aglio
4 cucchiai d'olio extravergine d'oliva
2 rami di prezzemolo
q.b. di crostini di pane

 10 minuti

 9 minuti

 2-3 giorni

 2 da 1 litro

 4 persone

 3 / 5

PROCEDIMENTO

› Prepara le cozze: inizia con la pulizia ed elimina la barbetta con l'aiuto di una paglietta, lavandole sotto l'acqua corrente per rimuovere le impurità.
› Pela lo spicchio d'aglio e fai un trito da aggiungere in una ciotola di vetro, insieme a dell'olio e a del peperoncino già tagliato in due pezzi. Rosola in microonde per 1 minuto a 750 W.
› Prendi i pomodori pelati e dopo averli schiacciati adeguatamente, riponili in una ciotola con del prezzemolo già lavato e tritato. Mescola il contenuto per qualche istante.
› Ora puoi creare due vasetti separati, dividendo sia il condimento appena fatto, sia le cozze. Chiudi, una volta pulito i bordi, e aggancia. Cuoci a questo punto nel microonde entrambi i vasetti per 8 minuti circa a 750 W.
› Prima di servire fai riposare almeno 20 minuti e scalda l'indispensabile poi impiatta insieme a qualche crostino di pane

SUGGERIMENTI

- Se sei un amante del gusto piccante, puoi provare a tritare anche il peperoncino e unirlo nel condimento mescolando sempre a dovere.
- Le cozze possono essere anche usate negli spaghetti per creare un ottimo primo piatto di mare.

Tortino di Peperoni e Patate

INGREDIENTI

3 patate medie
3 peperoni grandi
2 pizzichi di origano
16 olive
2 rami di timo
40 g di scamorza
3 cucchiai di olio extravergine d'oliva
1 cucchiaio di capperi salati
2 pizzichi di sale

 15 minuti

 16 minuti

 2-3 giorni

 2 da 1 litro

 4 persone

 4 / 5

PREPARAZIONE

> Lava accuratamente i peperoni e cuocili in griglia, tempo che siano rosolati quanto basta. Poi trasferiscili in un sacchetto di carta.

> Prendi ora le patate e dopo averle pelate, lavale e tagliale in pezzetti della stessa dimensione. Riponile in un contenitore apposito per la cottura a vapore, oppure in uno di vetro rivestito da pellicola per alimenti. Aggiungi sul fondo due cucchiai d'acqua e fai cuocere per 8 minuti a microonde.

> Ora svolgi i seguenti piccoli compiti: spennella i vasetti con dell'olio extravergine d'oliva; taglia in pezzetti la scamorza; dissala i capperi in acqua; spela i peperoni privandoli dei semini e dei filamenti residui, creando poi delle fette larghe.

> Dopo aver tirato fuori le patate dal microonde, schiacciale ben bene. Condisci con sale, origano, olio, olive, capperi già strizzati, e qualche fogliolina di timo. Mescola bene tutto.

> Rivesti i vasetti con le fette larghe di peperone. Versa lentamente il condimento appena fatto, avendo cura di creare una polpa, aggiungendo anche qualche pezzo di scamorza man mano. Riempi i restanti vasetti allo stesso modo, poi pulisci i bordi e chiudi agganciando di lato.

> Puoi finalmente cuocere per 8 minuti a 750 W. Trascorso questo tempo lascia ancora riposare il tutto per una 20 di minuti, poi scalda quando serve prima di impiattare.

SUGGERIMENTI

- Fai attenzione a non riempire troppo i vasetti poiché rischi che il liquido fuoriesca.
- Se ti piace avere una nota croccante, il tortino si accompagna ottimamente con dello speck rosolato o della granella di mandorle o noci.

Flan di Asparagi

INGREDIENTI

400 g di asparagi
200 g di yogurt greco
100 ml di panna fresca
4 uova
3 cucchiai di Grana Padano grattugiato
q.b. di erba cipollina, sale, pepe ed olio

 8 minuti

 3 minuti

 7 giorni

 4 da 370 ml

 4 persone

 3 / 5

PROCEDIMENTO

➢ Cuoci a vapore gli asparagi già puliti per 8 minuti. Ora taglia le punte e mettile da parte per dopo. Non buttare i gambi, che vanno fatti andare nel passaverdure così da ricavare una polpa.

➢ Riponi in una terrina la polpa e inserisci anche le uova per poi sbattere con l'ausilio di una forchetta. Al composto aggiungi ora: sale, panna, yogurt, formaggio e quanto desideri di pepe ed erba cipollina tritata. Mescola e crea la densità che preferisci, ottimamente fluida e cremosa.

➢ Prendi i vasetti, spennellaci dell'olio all'interno e distribuisci così il composto all'interno di ognuno, senza tralasciare qualche punta di asparago. Chiudi e fai cuocere a microonde per 3 minuti a 350 W. Noterai che il composto tenderà a gonfiarsi durante la cottura.

➢ Al termine fai riposare il tutto per 15 minuti. Colloca ora sui piatti i flan di asparagi, guarnisci con qualche punta di asparago avanzato e con scaglie di Grana Padano a piacere.

SUGGERIMENTI

- L'utilizzo del passaverdure è fondamentare per evitare che i filamenti compromettano la consistenza finale del flan.
- Monitora la cottura a microonde: se il composto gonfia troppo fermalo anche prima.
- La temperatura migliore per assaporare i flan è ambiente, né eccessivamente caldi né freddi.

Insalata di mare e fagioli

INGREDIENTI

250 g di fagioli precotti
200 g di calamari puliti
1 spicchio d'aglio
2 rami di prezzemolo
2 cucchiai di olio extravergine d'oliva
1 acciuga
2 spicchi d'aglio
q.b. di sale e pepe

 5 minuti

 6 minuti

 15 giorni

 2 da 500 ml

 4 persone

 2 / 5

PROCEDIMENTO

➢ Inizia con tritare la cipolla, l'acciuga e l'aglio, poi sposta questi ingredienti in una ciotola di vetro condendo con olio extravergine d'oliva. Fai rosolare a microonde per circa 1 minuto a 700 W.

➢ A questo punto trita il prezzemolo e suddividi nei vasetti i fagioli ed i calamari. Poi travasa il resto dei triti in ogni vasetto.

➢ Cuoci per 6 minuti a 750 W a microonde e fai riposare al termine per 20 minuti. A te la scelta se servire subito l'insalata tiepida o fredda o conservare in frigorifero per uso futuro. Ricordati in quest'ultimo caso di scaldare prima i vasetti nel microonde per 1 minuto.

SUGGERIMENTI

- Se avessi bisogno di conservare i vasetti per un tempo più lungo di qualche giorno, puoi cuocere 1 minuto in meno prima e scaldare di più prima di portare in tavola.
- Durante l'impiattamento, puoi spargere qualche goccia di succo di limone a piacere
- Non sono strettamente necessari dei calamari freschi: puoi impiegare dei calamari surgelati privi di ghiaccio e puliti.

Tartrà popolare del Piemonte

INGREDIENTI

1 cipolla bianca
2 uova di cui 1 tuorlo
120 ml di latte intero
190 ml di panna fresca
30 g di burro
3 grissini
1 cucchiaio di grana
3 di salsa di pomodoro
Padano grattugiato
1 cucchiaio di farina
3 rametti di rosmarino
2 foglie di salvia
q.b. di sale, pepe, olio

 8 minuti

 6 minuti

 7 giorni

 2 da 500 ml

 4 persone

 2 / 5

PROCEDIMENTO

- Dopo aver pelato e tritato la cipolla, spostala in una padella con del sale ed il burro messo da parte. Falla rosolare un poco a fuoco lieve. Trita ora con l'ausilio di un mixer i grissini e prepara i vasetti spennellando con una spatola il loro interno con olio extravergine d'oliva.
- Sbatti le uova ed il tuorlo con il sale incorporando insieme il latte, la panna, il Grana Padano, la farina, i grissini tritati e un pizzico di pepe. Aggiungi la cipolla a questo intero condimento e mescola per bene.
- Distribuisci a questo punto il composto nei diversi vasetti, pulisci il bordo e sigilla con i ganci laterali. Cuoci a microonde a 350 W per 6 minuti o fino a che il contenuto si sarà gonfiato a sufficienza. Lascia riposare poi per 15 minuti.
- Scalda inizialmente solo la salsa di pomodoro in un pentolino, poi aggiungi a fiamma spenta la panna e ancora del pepe se di tuo gradimento. Spargila sui piatti e a questo punto sforma la tartrà con l'aiuto di una spatola, dai vasetti ai piatti.

SUGGERIMENTI

- Se avessi a disposizione dei vasetti più piccoli in quel momento, puoi usarli al posto di quelli più grandi cuocendo un paio di minuti in meno.
- Nel caso volessi conservare l'antipasto tipico piemontese per un momento successivo, assicurati di servirla tiepida una volta tirata fuori dal frigo.

Giardiniera

INGREDIENTI

200 g di carote
200 g di fagiolini
400 g di peperoni vari
400 g di cavolfiore
170 g di cipolline
120 g di olive verdi denocciolate
100 ml di aceto di vino bianco
100 ml di vino bianco
1 costa di sedano
3 foglie di alloro
q.b. di acqua, olio e sale

 12 minuti

 11 minuti

 15 giorni

 3 da 1 litro

 6-8 persone

 3 / 5

PROCEDIMENTO

> Procedi a lavare tutte le verdure e dopo averle scolate sei pronto a: ridurre in cimette il cavolfiore, pelare e affettare sia le carote sia il sedano, poi spuntare i fagiolini e dividerli in due, con i peperoni invece bisogna privarli del picciolo e dei filamenti tagliandoli in pezzi regolari. Infine trasferisci tutto in una ciotola capiente e mescola a dovere.

> Prendi uno shaker o un barattolo richiudibile e versaci l'aceto, il vino, lo zucchero, l'olio, il sale e l'acqua. Agita ora il contenuto per circa un minuto fino allo scioglimento dello zucchero e del sale.

> Ora sei pronto a distribuire le verdure, le olive e le foglie di alloro nei diversi barattoli, a cui aggiungere poi l'emulsione appena fatta. Dopo aver pulito i bordi, sigilla con i ganci e cuoci a microonde per 11 minuti a 700 W.

> Prima di servire la giardiniera abbi cura di far riposare il contenuto di ogni vasetto per almeno 20 minuti.

SUGGERIMENTI

- In questa ricetta puoi far impiego anche di altre verdure di tuo gradimento, come le zucchine, gli spinaci o i cetrioli

Insalata Russa

INGREDIENTI

400 g di patate
120 g di carote
300 g di piselli surgelati
½ barattolo di maionese
q.b. di sale, aceto di vino bianco ed olio extravergine d'oliva

 5 minuti

 10 minuti

 7 giorni

 2 da 1 litro

 6-8 persone

 3 / 5

PROCEDIMENTO

- Prendi le carote e dopo averle sbucciate adeguatamente, lavale sotto l'acqua corrente, poi tagliale in cubetti della stessa dimensione, ripartendole nei vasetti. Ora fai decongelare i piselli fino ad eliminare eventuale ghiaccio residuo, e inserisci anch'essi distribuendoli con del sale all'interno di ciascun vasetto.
- Chiudi i vasetti a dovere, spingendo i gancetti di lato e fai cuocere per 10 minuti a 700 W. Fai riposare a questo punto per 20 minuti prima di porre in frigorifero per un paio d'ore.
- Quando sei pronto a servire, tira fuori dal frigo i vasetti e lasciali ancora qualche minuto prima di versarli nei piatti. Mescola delicatamente con una forchetta nel piatto insieme ad aceto e olio, poi aspetta qualche minuto e aggiungi ancora la maionese. Mescola per ultimo ancora qualche minuto e lascia riposare prima di portare a tavola.

SUGGERIMENTI

- Se hai a disposizione piselli freschi è consigliabile aggiungere dell'acqua ai vasetti
- In questo piatto puoi sbizzarrirti aggiungendo eventualmente all'insalata delle uova sode tagliate in piccoli pezzettini o degli anelli di pesce piccolo, come le code di gamberi.

Cheesecake salata con salmone

INGREDIENTI

330 g di salmone affumicato
320 g di formaggio fresco tipo spalmabile
300 g di robiola
80 g di grissini
40 g di burro
4 uova

 10 minuti

 3 minuti

 7 giorni

 4 da 370 ml

 4 persone

 3 / 5

PROCEDIMENTO

> Fai fondere il burro in un pentolino a fuoco lento, o in una ciotolina di vetro a microonde. Dopodiché, con l'aiuto di un frullatore, trita i grissini e versaci nello stesso contenitore il burro appena fuso. Frulla ancora per qualche istante. Ora sposta il composto ottenuto nei vasetti, amalgamando bene sul fondo. Ti puoi aiutare anche solo con il dorso di un cucchiaino.

> Ora devi fare lo stesso con il salmone: tritalo per qualche minuto a frullatore. Aggiungi al salmone il formaggio fresco spalmabile, la robiola ed i bianchi e i tuorli di ciascun uovo. Frulla tutto bene a formare una crema. Sposta ora la crema nei vasetti insieme ai grissini già tritati, cercando di livellare il composto all'interno il più possibile. Prima di chiudere i ganci, batti sulle pareti dei barattoli per rimuovere eventuali bolle d'aria.

> Cuoci a microonde per 3 minuti a 400 W o finché si gonfia appropriatamente. Lascia a riposare 10 minuti a temperatura ambiente poi sposta in frigo per 4 ore. Quando sei pronto a impiattare ricordati di guarnire con il salmone tagliato a listarelle.

SUGGERIMENTI

Puoi eventualmente preparare la variante vegetariana, utilizzando al posto del salmone dei peperoni arrostiti e del paté di olive ad esempio. Inoltre se preferisci puoi sostituire al sapore dei grissini dei cracker non salati.

- Verifica sempre il grado di cottura attraverso il vetro del microonde, facendo attenzione che ogni vasetto non sia riempito troppo e il composto non si gonfi troppo durante la cottura.

Zuppa di cozze con zafferano

INGREDIENTI

400 g di cozze surgelate
2 cucchiai di spumante
2 spicchi d'aglio
2 rami di prezzemolo
½ bustina di zafferano in polvere
q.b. di olio extravergine d'oliva

 2 minuti

 5 minuti

 7 giorni

 2 da 500 ml

 2 persone

 1 / 5

PROCEDIMENTO

> Prendi le cozze ancora surgelate e riponile in ciascun vasetto aggiungendo un pizzico di zafferano, un cucchiaio di olio, un cucchiaio di spumante, il rametto di prezzemolo e uno spicchio d'aglio. Chiudi e aggancia come sempre bene facendo attenzione alle guarnizioni.

> Cuoci per circa 5 minuti a 700 W nel tuo microonde, facendo poi riposare come sempre per altri 20 minuti. Di tanto in tanto, mentre i vasetti sono a riposo, scuotili per rimescolare il loro condimento.

> Conserva in frigorifero per massimo una settimana come indicato di lato. Se invece preferisci consumare immediatamente ti basta tirare i ganci e servire sul piatto la tua zuppa, accompagnandola con dei crostini di pane o dei grissini a tua discrezione.

SUGGERIMENTI

- Se ti piace puoi aggiungere sul fondo del vaso un cucchiaio di panna, così da arricchire la tua ricetta con altro gusto.
- Non dimenticarti che puoi adoperare questa zuppa sia come antipasto sia come condimento per creare un piatto unico, come ad esempio degli spaghetti.

PRIMI

Sempiterne le lasagne, anche verdi, poi pasta corta come tortellini e ravioli, ma anche vellutate e minestre. Un occhio di riguardo per il riso: quello crudo sarà necessario prima riporlo in ammollo in acqua, consigliato invece e più facile il basmati o parboiled

Minestra di zucchine trombetta di Albenga

INGREDIENTI

400 g di zucchine trombetta
350 g di patate
5 pomodorini
20 g di cipolla rossa di Tropea
200 ml di brodo vegetale
2 foglie di basilico
q.b. di olio extravergine d'oliva

 6 minuti

 12 minuti

 7 giorni

 1 da 1 litro

 2 persone

 2 / 5

PROCEDIMENTO

➢ Dopo aver lavato con attenzione le zucchine trombetta, tagliale in cubetti spuntando le estremità. Poi sbuccia le patate, lava anch'esse e tagliale sempre in cubetti della stessa dimensione. Prendi ora i pomodorini, lavali e tagliali in pezzetti. Trita la cipolla e pulisci le foglie di basilico.

➢ Ora sposta tutte le verdure nel vasetto grande aggiungendo il brodo vegetale e un pizzico d'olio. Dopo aver chiuso il vasetto, sbattilo e agitalo per mescolarne il contenuto.

➢ Cuoci per 12 minuti a 750 W a cui termine fai riposare per 20 minuti. A temperatura ambiente puoi spostarlo in frigorifero, oppure semplicemente quando non è più bollente servirlo.

SUGGERIMENTI

- Alla minestra di verdure puoi tranquillamente aggiungere della pasta piccola di tuo gusto già cotta.

Polenta ai formaggi

INGREDIENTI

40 g di farina di mais per polenta
20 g di gorgonzola
20 g di fontina
20 g di emmental
q.b. di acqua, sale ed olio extravergine d'oliva

 3 minuti

 7 minuti

 3 ore

 1 da 500 ml

 1 persona

 1 / 5

PROCEDIMENTO

➢ Prepara un vasetto a cui aggiungere il composto fatto mescolando la farina, del sale, dell'olio e dell'acqua fin tanto che diventa omogeneo. Pulisci il bordo e chiudi così poi da cuocere in microonde per 4 a 700 W.

➢ Al termine della cottura avvolgi il vasetto da un canovaccio e agitalo. Ora fai cuocere per altri 3 minuti a 350 W.

➢ Infine lascia riposare per 20 minuti. Per servire sarà sufficiente sganciare e mettere il vasetto nel microonde a scaldare per qualche minuto. Prima di impiattare trita ancora i formaggi sulla polenta e mescola bene fino alla fusione.

SUGGERIMENTI

- La fase di riposo è essenziale per permettere alla farina di assorbire i liquidi, mentre il mescolamento del composto a vasetto chiuso, dev'essere fatto senza capovolgerlo.
- In questo caso se preferisci una polenta più morbida è consigliabile servire subito invece di conservare per qualche ora, perché tenderà a solidificarsi col passare del tempo.

Pasta e fagioli

INGREDIENTI

200 g di pasta integrale in fettuccine
400 g di fagioli precotti
8 pomodorini
1 ramo di rosmarino
½ cipolla
1 peperoncino
q.b. olio extravergine d'oliva, pepe nero e sale

PROCEDIMENTO

> Pela la mezza cipolla ed affettala finemente; lava i pomodorini sotto l'acqua e tagliali a metà poi trasferisci l'uno e l'altro in una ciotola di vetro insieme ad un cucchiaio di olio e mescola. Metti la ciotola nel microonde e fai cuocere per 3 minuti alla potenza di 600 W.

> Prendi i fagioli precotti e scola via il liquido di conservazione, metti da parte. Spezzetta i nidi di tagliatelle o gli altri tipi di fettuccine di pasta che hai. Ripartisci fra tutti i vasetti il sughetto ottenuto dal microonde, aggiungi poi 100 g di fagioli, 50 g di pasta, qualche ago di rosmarino, un pizzico di sale e pepe, un pezzettino di peperoncino e 100 ml di acqua. Mescola e condisci bene tutto poi ripeti l'operazione per tutti e 4 i vasetti.

> Pulisci i bordi poi chiudi e aggancia bene. Metti nel microonde dapprima per 3 minuti a 600 W e poi ancora 2 minuti a 800 W. Questo perché il cambio di potenza darà il tempo alla pasta di assorbile i liquidi ed evitare che escano da ciascun vasetto. Fai riposare ancora per 20 minuti come da procedura e sposta in frigorifero per consumare entro la giornata, oppure riscalda semplicemente a tappo aperto nel microonde e poi impiatta.

 15 minuti

 8 minuti

 5 giorni

 4 da 500 ml

 2 persone

 3 / 5

SUGGERIMENTI

- Per un cambio delle dosi ti basterà conservare le proporzioni di due volte i fagioli rispetto alla quantità di pasta. Se preferisci invece un sapore più contenuto dei fagioli riducine semplicemente la quantità da inserire.

Lasagne alla Bolognese

INGREDIENTI

10 sfoglie di lasagne secche
900 ml di ragù alla bolognese
500 ml di besciamella
5 cucchiai di Parmigiano Reggiano grattugiato

 10 minuti

 7 minuti

 15 giorni

 4 da 500 ml

 4 persone

 3 / 5

PROCEDIMENTO

➢ Prendi una ciotola e mescola sia la besciamella sia il ragù, aggiungendo pure i due cucchiai di formaggio. Ora dovrai fare per ogni vasetto la stessa cosa: distribuire sul fondo parte del condimento, spezzare in parti più piccole le sfoglie di lasagna e inserirle nel vasetto fino a coprire il fondo. Poi di nuovo aggiungere il condimento a cui adagiare un'altra sfoglia, e così via a formare 4 strati e riempire per ¾ il vasetto. Sull'ultimo strato aggiungi una spolverata di formaggio grattugiato. Chiudi e aggancia bene per sigillare le guarnizioni.

➢ Compi la stessa operazione sui restanti vasetti ad esaurimento degli ingredienti.

➢ Cuoci a microonde per 7 minuti a 750 W. Lascia riposare poi per altri 20 minuti. Quando vorrai servire ti basterà aprire il vasetto e cuocere per qualche minuto prima di impiattare le tue lasagne fatte a vasocottura.

SUGGERIMENTI

- Controlla sempre il grado di cottura perché potrebbe cambiare a seconda del microonde o della temperatura degli ingredienti posti nel vasetto. Se vedi bollire calcola 2 minuti ancora prima di spegnere.
- In caso di utilizzo di lasagne fresche, utilizza dei vasetti con la guarnizione più sottile semplicemente.

Cous Cous al sapore di mare

INGREDIENTI

150 g di cous cous
300 ml di brodo di pesce
6 pomodorini rossi e gialli
2 rami di aneto o prezzemolo
1 busta di zafferano
q.b. di sale

PROCEDIMENTTO

> Mescola insieme il cous cous, lo zafferano ed il brodo di pesce poi metti da parte. Lava ora i pomodorini, trita l'aneto e aggiungi tutto al composto con il cous cous. Aggiungi un pizzico di sale, pulisci i bordi e chiudi agganciando bene i vasetti.

> Cuoci per 4 minuti a 750 W e al termine con l'aiuto di uno strofinaccio agita con attenzione ciascun vasetto così da mescolare bene l'interno. Lascia poi riposare per 15 minuti. Metti ora in frigorifero oppure dopo aver aperto i vasetti scalda prima di servire dando un'ultima mescolata.

SUGGERIMENTI

- Puoi cambiare le porzioni in base alla tua necessità rispettando le proporzioni degli ingredienti: 1:2 tra cous cous e liquido.
- Nel caso volessi, invece, un tempo di conservazione minore puoi anche in questo caso ridurre il tempo di cottura iniziale e "saldarlo" quando si tratterà della fase terminale di riscaldamento pre-impiattamento.

 7 minuti

 4 minuti

 3 giorni

 2 da 500 ml

 2 persone

 2 / 5

Orzo con zucca e speck

INGREDIENTI

100 g di orzo
200 g di zucca
60 g di speck
120 ml di brodo vegetale
½ porro
q.b. di sale ed olio extravergine d'oliva

 12 minuti

 9 minuti

 7 giorni

 2 da 500 ml

 2 persone

 3 / 5

PROCEDIMENTO

- Dopo aver sbucciato il porro, taglialo in fette sottili e poi sciacqualo all'interno di uno scolapasta. Sposta il porro in una ciotola di vetro, condiscilo con sale ed olio e mescola. Fai rosolare poi a microonde a 750 W per 3 minuti.
- Prendi la zucca e riducila in piccoli cubi di dimensione omogenea. Crea invece delle listarelle con lo speck e trasferisci poi tutto nella stessa ciotola con il porro, unendo anche l'orzo. A questo punto mescola bene, versa poi nei vasetti e come culmine riversa il brodo in ogni vasetto fatto. Chiudi e sigilla.
- Fai cuocere per 6 minuti a 750 W, lasciando al termine riposare per 20 minuti. A temperatura ambiente potrai servire aprendo i vasetti e dando ancora una mescolata, oppure semplicemente conservare in frigorifero per un momento successivo.

SUGGERIMENTI

- In questa ricetta puoi usare al posto della zucca qualsivoglia verdura ti piaccia di più o abbia voglia, purché il contenuto d'acqua in grado di contenere e liberare sia simile alla zucca. Possiamo quindi condire l'orzo anche con salsiccia, o per una versione vegetariana con funghi, melanzane e zucchine. In caso di pochi liquidi aggiungi una maggiore quantità di brodo vegetale.

Ravioli al pomodoro

INGREDIENTI

200 g di ravioli
100 ml di polpa di pomodoro
20 g di cipollotto fresco
1 cucchiaio di olio extravergine d'oliva
Qualche foglia di basilico
q.b. di acqua e sale

 6 minuti

 6 minuti

 7 giorni

 1 da 1 litro

 1 persona

 2 / 5

PROCEDIMENTO

- Pela ed affetta il cipollotto, trasferendolo poi così in un vasetto unto d'olio. Fai rosolare a coperchio aperto per 1 minuti a 500 W.
- Inserisci poi in un vasetto grande o più vasetti piccoli, i restanti ingredienti quindi: il basilico, la polpa di pomodoro, i ravioli congelati ed ancora 30 ml di acqua, un pizzico di sale e mescolate in modo che la pasta sia tutta ben condita.
- Pulisci il bordo poi chiudi bene con i ganci e cuoci nel microonde per 5 minuti alla potenza di 750 W. Fai ora riposare altri 20 minuti così da ottenere il prolungamento della cottura e formazione del sottovuoto, senza aprire il vasetto. Riponi in frigorifero in conservazione oppure apri il tappo e scalda a microonde, infine guarnisci sul piatto con qualche foglia di basilico fresco.

SUGGERIMENTI

- Aggiungi al condimento pepe o peperoncino a pezzi per avere un gusto più acceso e piccante.

Quinoa alla mediterranea

INGREDIENTI

150 g di quinoa
200 g di zucchine
120 g di pomodori secchi
150 ml di acqua
1 cucchiaino di pinoli tostati
1 di capperi
1 di paté di olive
½ cipolla di Tropea
4 foglie di basilico
q.b. di olio extravergine d'oliva

 7 minuti

 9 minuti

 7 giorni

 2 da 500 ml

 2 persone

 2 / 5

PROCEDIMENTO

- Affetta finemente la cipolla dopo averla sbucciata, poi spostala in una ciotola e aggiungi quanto basta di olio. Lascia appassire la cipolla cuocendo a microonde a 750 W per un paio di minuti.
- Mentre aspetti che i capperi prendano acqua, riponendoli a bagno, taglia i pomodori secchi e la zucchina, avendo cura che sia lavata e spuntata.
- Metti la quinoa in un colino a maglia fitta, sciacquandola per eliminare la saponina. Spostala poi nella medesima ciotola con la cipolla, la zucchina, i pomodori, i pinoli, le foglie di basilico, i capperi (già strizzati) ed il paté di olive. Mescola bene tutto quanto assieme e riversa nei vari vasetti.
- Aggiungi infine 70 ml di acqua per ognuno dei due vasetti fatti, pulisci i bordi e aggancia. Sei pronto a cuocere nel forno a microonde per 7 minuti a 700 W. Lascia quindi riposare per 20 minuti, poi conserva o servi direttamente avendo cura di aver mescolato poco prima.

SUGGERIMENTI

- Cambia e modifica a piacimento al posto di usare le zucchine con peperoni ad esempio. Inoltre se non ti piacciono i capperi e/o il paté di oliva puoi anche non metterli, l'importante è adempiere la mancanza di sale che contengono naturalmente con del sale da cucina fino quanto basta.

Riso alla cantonese

INGREDIENTI

200 g di riso Basmati
1 cipollotto
250 g di piselli surgelati
120 g di prosciutto cotto a dadi
400 ml di brodo vegetale
4 cucchiai di salsa di soia
3 uova
q.b. di olio e sale

 7 minuti

 9 minuti

 7 giorni

 3 da 500 ml

 3 persone

 3 / 5

PROCEDIMENTO

➢ Sguscia le uova e ponile in una ciotola con del sale, per poi sbatterle con una forchetta. Prendi ora una piccola padella e ungila con cucchiaio d'olio, versaci le uova appena sbattute e fai cuocere per circa un minuto su ogni lato. Al termine tagliala la frittata in tocchetti e mettila da parte

➢ Affetta ora il cipollotto dopo averlo pelato, ponilo in una ciotola di vetro, condiscilo con l'olio extravergine d'oliva rimanente e fai rosolare così per 2 minuti a microonde a 750 W.

➢ Riversa sul fondo di un vasetto i seguenti ingredienti: 1/4 del cipollotto rosolato, sempre 1/4 di riso, e ancora di piselli, di prosciutto, di frittatina, di salsa di soia e sempre 1/4 di brodo vegetale corrispondente quindi a 100 ml. Mescola tutto e poni in vasetto. Poi segui la stessa procedura per riempire i rimanenti.

➢ Cuoci per 7 minuti a 500 W e fai riposare per 20 minuti. Conserva in frigorifero per massimo 1 settimana oppure mescola e servi.

SUGGERIMENTI

- Puoi seguire questa ricetta anche per farne altre di simili con ingredienti diversi rispetto a questo alla cantonese; ad esempio a base di olive, o zucchine e così via.

Ribollita

INGREDIENTI

60 g di carote
60 g di sedano
270 g di cavolo nero
150 g di bieta
100 g di verza
40 g di cipolla
350 g di fagioli cannellini
250 g di patate
2 pomodori pelati
350 ml di brodo vegetale
q.b. di olio extravergine d'oliva, sale e pane a scelta

 20 minuti

 22 minuti

 7 giorni

 2 da 1 litro

 4 persone

 4 / 5

PROCEDIMENTO

➢ Inizia con la carota, il sedano e la cipolla: pela ciascuno di questi poi lava e riduci a dei cubetti di dimensione analoga. Prendi ora una ciotola capiente e trasferisci tutto condendo con dell'olio, così da far rosolare a microonde per qualche minuto a 750 W.

➢ Ora è il turno di bieta, verza e le foglie del cavolo. Lavale e scolale bene per poi affettarle in tocchi sottili. Aggiungi alla medesima ciotola e cospargi con del sale fine, coprendo a questo punto momentaneamente la ciotola con una pellicola per alimenti protettiva. Buca la pellicola in qualche punto e metti a microonde per 8 minuti a 700 W in modo che le verdure appassiscano.

➢ Con le patate bisogna sempre ottenere dei cubi simili, quindi lava, sbuccia e taglia. Passa invece metà dei fagioli cannellini con un passaverdure e schiaccia i pelati con una forchetta.

➢ Rimuovi la pellicola protettiva dalla ciotola e aggiungici a questo punto la purea di fagioli, l'altra metà di fagioli interi, i pomodori e poi le patate. Mescola e al termine riponi il risultato nei due grandi vasetti a disposizione collocandoci anche metà del brodo vegetale in ognuno. Pulisci bene i bordi, chiudi e sigilla bene.

➢ Cuoci alla temperatura di 750 W per 11 minuti e con i vasi ancora chiusi lascia riposare per metà giornata. Se vuoi impiattare subito, dividi il pane nei piatti e distribuisci così la ribollita al di sopra facendo riposare qualche minuto prima di servire.

SUGGERIMENTI

- Abbi cura di far riposare la giusta quantità di tempo, rivestendo con panni i due vasi e limitando allo stesso tempo la dispersione di calore

Vellutata di zucca

INGREDIENTI

500 g di zucca
2 cucchiaini rasi di dado vegetale
2 pizzichi di pepe
2 cucchiai di panna acida
1 porro
q.b. di olio extravergine d'oliva e sale

 7 minuti

 9 minuti

 7 giorni

 2 da 500 ml

 4 persone

 2 / 5

PROCEDIMENTO

➤ Prendi il porro, sbuccialo e affettalo come si deve. Lavalo a questo punto con l'ausilio di uno scolapasta e fallo sgocciolare finché è ben asciutto. Spostalo in una ciotola di vetro, insieme a del sale, e poco olio. Mescola e fai rosolare al microonde per 3 minuti a 700 W.

➤ Ora prendi la zucca ed ottieni la parte edibile rimuovendo i semini e i filamenti. Tagliala in tocchetti, poi spargila insieme al porro rosolato nei due vasetti di capienza consigliata. Aggiungi, infine, per ciascun vasetto, un cucchiaio all'incirca di acqua ed un cucchiaino di dado vegetale.

➤ Cuoci a microonde per 6 minuti a 700 W. Lascia riposare per 20 minuti. Come sempre, decidi se conservare in frigorifero oppure aprire e servire. In quest'ultimo caso dovrai ancora adoperare un frullatore ad immersione per la zucca, unire il pepe e condire sempre mescolando con il cucchiaio di panna acida. Puoi ora impiattare.

SUGGERIMENTI

- Ho scelto di elencare gli ingredienti e il procedimento della vellutata di zucca, quando in realtà puoi semplicemente realizzare le vellutate che più desideri allo stesso modo seguendo questa ricetta. Vellutata di asparagi, di cavolfiore, di broccoli o altro. Per ogni verdura dosa sempre bene il sale che metti per evitare sorprese in un senso o nell'altro.

Spaghetti ai frutti di mare

INGREDIENTI

200 g di spaghetti integrale a matassine
500 g di sugo ai frutti di mare
200 ml di acqua

 2 minuti

 5 minuti

 7 giorni

 2 da 500 ml

 2 persone

 1 / 5

PROCEDIMENTO

➢ Prendi una ciotola e mischia insieme il sugo ai frutti di mare e le matassine di pasta, fino a che si condisca a dovere. Dividi nei tre vasetti il tutto, aggiungi l'acqua e mescola. Pulisci quindi i bordi e chiudi i vasetti sigillando la guarnizione.

➢ Agita ciascun vasetto e lascia riposare per 5 minuti, per poi rifare l'operazione un'altra volta. Cuoci quindi per 7 minuti alla potenza di 500 W. Questa volta lascia a temperatura ambiente per un tempo di 30 minuti prima di spostare in frigorifero per un paio di giorni o consumare riscaldando a tappo aperto.

SUGGERIMENTI

- Guarnisci la pasta con del prezzemolo tritato e un tocco di peperoncino.

Zuppa di funghi, castagne e zucca

INGREDIENTI

200 g di funghi porcini surgelati
150 g di castagne secche
350 g di zucca
1 porro
120 g di patate
50 g di carote
2 rami di timo
q.b. di olio, sale e acqua

 10 minuti

 12 minuti

 15 giorni

 1 da 1 litro

 2 persone

PROCEDIMENTO

➢ Prendi le patate, le carote e il porro nelle quantità indicate, pelale e affettale. Poi riduci la zucca in dadi dopo aver rimosso i filamenti ed eventuali semi presenti.

➢ Ora sposta nel vasetto: i vegetali di cui sopra, i funghi surgelati, le castagne e aggiungi sale, olio, timo e 150 ml di acqua. Pulisci bene il bordo, assicurati che la chiusura avvenga completamente attraverso i ganci e metti nel microonde a cuocere per 12 minuti a 750 W.

➢ Al termine lascia riposare il vasetto ancora chiuso per circa 30 minuti. Sposta in frigorifero per un eventuale consumo successivo o servi seguendo le indicazioni usuali: smolla i ganci, scalda qualche minuto e sposta nei piatti.

SUGGERIMENTI

• Se hai a disposizione dei funghi porcini freschi ancora meglio: fai solo attenzione ad aggiungere eventualmente 50-100 ml di acqua in più per ottenere un fluido non troppo solido e cuoci a 700 W per 12 minuti.

Crespelle al salmone

INGREDIENTI

100 g di farina
320 g di ricotta
200 g di salmone affumicato
250 ml di latte
2 uova
50 g di Grana Padano grattugiato
q.b. di sale, burro ed erba cipollina

 20 minuti

 4 minuti

 7 giorni

 3 da 500 ml

 4 persone

 5 / 5

PROCEDIMENTO

- Inizia con frullare gli ingredienti per le crepes, quindi farina, latte e uova ed un pizzico di sale, meglio se con delle fruste elettriche. Lascia riposare per 30 minuti.
- Ungi una piccola padella con del burro poi versaci sopra un mestolino di pastella fatta e distribuiscila su tutta la superficie, facendo ondeggiare la padella. Cuoci a fiamma moderata fino ad ottenere la rosolatura necessaria sulla prima superficie, poi ruota e procedi con la seconda. Continua cosi fino ad esaurimento della pastella.
- In una ciotola, invece, riversa: il latte, qualche filo di erba cipollina, il salmone tagliato in piccole strisce e la ricotta. Sbatti con una frusta e lavora a mano. Adagia in ciascuna crepes parte del ripieno fatto, chiudendole a fagotto. Ungi i vasetti vuoti con dell'altro burro e riponici le crepes. Spalma un velo di burro fuso poi pulisci i bordi e aggancia.
- Cuoci per 4 minuti alla potenza di 600 W, poi sforna e lascia riposare per 5 minuti. Sfiata la guarnizione lentamente e servi, oppure sposta in frigorifero lasciando il coperchio chiuso.

SUGGERIMENTI

- Prepara il ripieno che più gradisci e prova nuove combinazioni di gusti sempre cucinati in vasocottura.
- Per una versione integrale, utilizza farina di grano integrale o multicereali.

Orzo alla Campidanese

INGREDIENTI

250 g di orzo
200 g di salsiccia
350 g di pomodorini
Mezza cipolla dorata
Mezzo limone
1 busta di zafferano
20 ml di concentrato di pomodoro
40 ml di vino rosso
40 ml di olio extravergine d'oliva
q.b. di acqua, sale e pepe

 12 minuti

 12 minuti

 7 giorni

 4 da 500 ml

 4 persone

 3 / 5

PROCEDIMENTO

- Per prima cosa pela la cipolla e tritala per spostarla così in una ciotola di vetro. Falla rosolare per 2 minuti a microonde alla potenza di 900 W insieme ad un filo d'olio. Unisci quindi a termine la salsiccia senza budello, mescola e poni nuovamente a microonde per 3 minuti. Spegni, sfuma con del vino rosso e rimetti nel microonde per un altro minuto.
- Alla ciotola di prima, aggiungi lo zafferano, i pomodorini, il concentrato, la scorza grattugiata di un limone, l'orzo e un giro di sale e pepe. Mescola tutto bene per qualche minuto e ripartisci così nei vasetti, versando poi in ciascuno 70 ml di acqua a testa e mescolando prima di pulire e agganciare.
- Cuoci alla potenza di 750 W per 6 minuti, fai riposare quindi per 20 minuti prima di decidere se spostare in frigorifero per la sua conservazione o riscaldare a vasetti aperti e servire.

SUGGERIMENTI

- Considera sempre che i tempi di cottura potrebbero risultare differenti utilizzando il tuo strumento e con temperatura degli ingredienti diversi. Calcola 2 minuti sempre dal bollore prima di interrompere la cottura.

Lasagnetta verde agli asparagi e brie

INGREDIENTI

6 sfoglie di lasagna verde
300 g di asparagi
100 ml di latte
200 g di brie
40 g di Grana Padano grattugiato
q.b. di sale, pepe ed olio extravergine d'oliva

 10 minuti

 6 minuti

 15 giorni

 4 da 500 ml

 4 persone

 3 / 5

PROCEDIMENTO

- Riempi una pentola con acqua salata, fai sbollentare gli asparagi e poi scolali. Affetta i gambi, rimuovi le punte e metti da parte.
- Prendi ora un frullatore e nel suo recipiente inserisci il formaggio grattugiato, il brie tagliato a pezzi, il latte ed un pizzico di pepe. Accendi il frullatore a velocità moderata ed ottieni la consistenza di una crema.
- Taglia in quadrati più piccoli le sfoglie verdi di lasagna e prepara i vasetti. Prima di tutto spennella con olio le pareti interne, poi colloca in ordine: un quadrato di sfoglia, un cucchiaio di crema e qualche tocchetto di asparago. Prosegui in questo modo fino a creare 4 strati di pasta, riversando ancora per ultimo come copertura un po' di crema al brie e formaggio. Ripeti questa operazione ad esaurimento degli ingredienti per i restanti vasetti.
- Cuoci a 750 W per 6 minuti avendo sempre cura di controllare che la guarnizione dei vasetti sia ben sigillata a creare il sottovuoto. Fai poi riposare per 20 minuti. Eventualmente puoi alternare la preparazione di un vasetto e la sua cottura, così da ottimizzare al meglio i tempi. Conserva in frigorifero o servi come di consueto, scaldando prima qualche minuto a vasetto aperto.

SUGGERIMENTI

- In alternativa all'uso del brie, puoi usare altri formaggi quali gorgonzola o taleggio per esempio. Sostituzione analoga la puoi fare con gli asparagi, usando ad esempio degli spinaci.
- Monitora sempre la cottura della lasagna perché la diversa temperatura degli alimenti così come dell'ambiente di lavoro in cucina puoi ridurre o aumentare di un paio di minuti la cottura. Appena vedi che i latticini dei vasetti vanno a ebollizione, calcola 2 minuti e tira fuori.

Minestrone estivo

INGREDIENTI

150 g di zucchine
150 g di patate
150 g di carote
1 peperone
6 fiori di zucca
½ cipolla
1 busta di zafferano
200 ml di acqua minerale naturale
q.b. di foglie di basilico e sale

PROCEDIMENTO

- Pulisci bene tutte le verdure e le patate, tagliale poi in piccoli pezzi dopo aver pelato le carote e le patate. Dividile poi nei vasetti a tua disposizione od in uno grande, aromatizza con lo zafferano, il sale e versa l'acqua minerale naturale.
- Pulisci i bordi e aggancia. Fai cuocere a microonde per 12 minuti a 750 W. Fai riposare per 20 minuti a temperatura ambiente, così da permettere la formazione del sottovuoto. Conserva in frigorifero per massimo una settimana, poi quando vuoi servire apri il vasetto e scalda per qualche minuto.

SUGGERIMENTI

- Scegli il tuo mix di verdure da utilizzare per questa ricetta

 7 minuti

 12 minuti

 7 giorni

 2 da 500 ml

 2 persone

 2 / 5

Timballo di riso e melanzane

INGREDIENTI

200 g di Riso integrale
400 ml di acqua
300 ml di Polpa di pomodoro
600 g di melanzane ovali nere
4 mozzarelline ciliegine
60 g di parmigiano reggiano
30 g di pangrattato
3 foglie di basilico
½ spicchio d'aglio
q.b. di olio extravergine, sale, salsa di pomodoro e basilico, olio di frittura

 20 minuti

 23 minuti

 10 giorni

 1 da 1 litro
2 da 500 ml

 2 persone

 5 / 5

PROCEDIMENTO

➢ Come prima cosa, versa nel vasetto grande il riso, l'acqua, un pizzico di sale ed un cucchiaio d'olio extravergine d'oliva. Mescola bene tutto e poi metti a cuocere nel microonde per 10 minuti a 350 W; a termine di questa prima fase di pre-cottura, ancora per 8 minuti ma a 750 W. Quando ha finito, lascia riposare a vasetto chiuso per 20 minuti, agitando di tanto in tanto con delicatezza così da redistribuire i liquidi contenuti all'interno.

➢ Prendi le melanzane, lavale e spuntale in senso longitudinale in piccole fette sottili, poi grigliale in padella senza esagerare. Ora versa in una terrina la polpa di pomodoro, tritaci dentro l'aglio, sala e condisci con olio extravergine e qualche foglia di basilico.

➢ Usa il pangrattato come base dei vasetti, inserendo anche mezza fetta di melanzana in ciascuno. Rivesti i bordi con altre fette fino al rivestimento a tutto tondo per ¾ di tutti i vasetti. Unisci le fettuccine di melanzana rimasta al condimento già pronto, poi mescola tutto con il riso a temperatura ambiente e il parmigiano grattugiato. Distribuisci il centro vuoto dei vasetti sempre per ¾.

➢ Cuoci per 5 minuti a 750 W poi fai riposare come da regola per 20 minuti. Procedi con la cottura del vaso successivo nel caso non avessi applicato il test della potenza per la cottura contemporanea. (vedi teoria)

➢ Conserva in frigorifero per 10 giorni oppure sgancia e riscalda per qualche minuto prima di capovolgere i vasetti e con l'ausilio di una punta di coltello far scivolare i timballi sul piatto. Guarnisci con qualche foglia di basilico.

SUGGERIMENTI

- Per questa ricetta è consigliabile l'uso di vasetti ben cilindrici così da creare un timballo uniforme ed avere più facilità alla sistemazione nel piatto.
- Per un gusto perfetto riscalda il giorno dopo la preparazione, in modo da lasciare l'amido del riso il tempo di rilasciarsi ed amplificare tutti i gusti.

Gnocchi con zucchine

INGREDIENTI

100 g di gnocchi di patate surgelati
100 g di zucchina
6 fiori di zucca
½ spicchio d'aglio
80 ml di acqua
6 foglie di basilico
q.b. di olio extravergine d'oliva, zafferano e sale

 10 minuti

 8 minuti

 1 giorno

 1 da 500 ml

 1 persona

 2 / 5

PROCEDIMENTO

➢ Lava sotto l'acqua corrente le zucchine per poi tagliarle in cubetti e spostarle su una teglia da microonde. Pela ora lo spicchio d'aglio, tritalo e uniscilo alle zucchine. Dai un giro di olio e sale sulla teglia, mescola e poni nel microonde a cuocere a potenza di 900 W per 4 minuti.

➢ Prepara un pentolino con dell'acqua calda dove far sciogliere lo zafferano. Mentre aspetti che la cottura a microonde termini, pulisci i fiori di zucca. Riunisci ora tutti gli ingredienti nella teglia, spezzettando se necessario i fiori di zucca e basilico. Mescola bene insieme anche agli gnocchi.

➢ Versa ora il tutto nel vasetto, pulisci i bordi e aggancia. Fai cuocere nel microonde per 4 minuti a 750 W. Fai quindi riposare per 20 minuti. Consuma gli gnocchi entro la giornata, scaldandoli a coperchio aperto nel microonde per qualche minuto e servi a piacere.

SUGGERIMENTI

- Puoi aggiungere al condimento degli gnocchi qualche cucchiaio di pancetta, da far cuocere insieme alle zucchine.

Conchiglioni ripieni

INGREDIENTI

200 g di conchiglioni
80 g di ragù con piselli
40 g di salsa di pomodorini
40 g di Grana Padano
q.b. di olio extravergine d'oliva e sale

 12 minuti

 8 minuti

 5 giorni

 1 da 1 litro

 2 persone

 3 / 5

PROCEDIMENTO

- Riponi la pasta in una pentola di acqua bollente e fai cuocere per metà cottura prevista, quindi scola e sciacqua subito con acqua fredda così da interrompere la cottura.
- Mescola insieme in una ciotola il ragù pronto di piselli ed il Grana Padano, poi con un frullatore ad immersione riduci la consistenza della salsa di pomodorini e utilizzala come base per riempire il vasetto. Riempi quindi i conchiglioni con il ragù e sistemali nel vasetto. Infine, ricopri ancora con due cucchiai di salsa di pomodorini e una grattugiata di grana padano, prima di pulire i bordi ed agganciare.
- Cuoci nel microonde per 8 minuti alla potenza di 750 W poi fai riposare per 20 minuti a temperatura ambiente, solo allora riponi in frigorifero per un consumo successivo.

SUGGERIMENTI

- In sostituzione al ragù, puoi farcire i tuoi conchiglioni con ricotta e spinaci. Lessa gli spinaci, sguscia un uovo, aggiungi della noce moscata e del Grana grattugiato. Mescola tutto assieme prima di riempirli. Il resto rimane lo stesso.

Pappa al pomodoro

INGREDIENTI

200 g di pane toscano
300 ml di brodo vegetale
400 ml di polpa di pomodoro
1 spicchio d'aglio
Qualche foglia di basilico
q.b. di sale, pepe ed olio

PROCEDIMENTO

➢ Sposta il pane tagliato a dadini in una ciotola insieme al brodo vegetale. Pela e trita di conseguenza lo spicchio d'aglio, dividendolo nei due vasetti; aggiungi ancora un cucchiaio d'olio circa a testa e fai rosolare a microonde per 1 minuto a 750 W.

➢ Inserisci nei due vasetti a questo punto la polpa di pomodoro, le foglie di basilico e il pane strizzato. Mescola bene il contenuto di ciascuno poi pulisci i bordi, sigilla e aggancia.

➢ Cuoci a microonde per 10 minuti a 750 W. Fai riposare per 20 minuti e poni in frigorifero o a scelta servi dopo aver scaldato a vasetti aperti qualche minuto.

SUGGERIMENTI

- Puoi pensare di adoperare del brodo di pesce al posto di quello vegetale per ammorbare il pane, così da avere un gusto diverso da quello classico.
- È consigliabile servire questo piatto ben caldo per una resa migliore

 4 minuti

 11 minuti

 15 giorni

 2 da 500 ml

 2 persone

 1 / 5

SUGHI

Da preparare in vasetti a guarnizione spessa per evitare la fuoriuscita di liquidi durante la cottura e prolungarne anche il post-cottura. Si possono conservare come le conserve normali ma in frigorifero da utilizzare al bisogno.

Ragù alla bolognese

INGREDIENTI

300 g di carne di manzo tritata
300 ml di polpa di pomodoro
2 cucchiai di sedano, cipolla e carote battute
2 cucchiai di vino bianco
q.b. di noce moscata, sale ed olio

 8 minuti

 21 minuti

 30 giorni

 1 da 1 litro

 4-6 persone

 2 / 5

PROCEDIMENTO

> Versa il battuto di cipolla, carote e sedano in una ciotola, condisci con olio e dopo aver mescolato un attimo, poni a rosolare in microonde a 750 W per 2 minuti. Nella medesima ciotola ora aggiungi la carne, poi mescola e fai ancora rosolare altri 4 minuti.

> Prendi ora la frusta manuale, versa il vino nella ciotola e mescola il sugo per qualche minuto senza impiegare troppa forza. Avvia ancora la cottura a microonde per 2 minuti.

> Sposta la carne nel vasetto, condendo la polpa di pomodoro insieme a sale, noce moscata e mescola per amalgamare bene tutto all'interno. Pulisci il bordo del vasetto, sigilla e aggancia.

> Cuoci a microonde per 13 minuti a 700 W. Fai riposare il vasetto a temperatura ambiente per 10 minuti avvolto da un panno e poi poni a conservazione in frigorifero per un uso futuro.

SUGGERIMENTI

- Puoi inter-scambiare la carne di manzo con quella di maiale o salsiccia come preferisci.

Ragù di lenticchie

INGREDIENTI

180 g di lenticchie
130 ml di polpa di pomodoro
250 ml di brodo vegetale
1 carota
½ cipolla
1 costa di sedano
1 foglia di alloro
q.b. di sale ed olio

 8 minuti

 14 minuti

 15 giorni

 1 da 1 litro

 4 persone

 2 / 5

PROCEDIMENTO

➢ Innanzitutto, riponi tutte le lenticchie in acqua, in ammollo per 6 ore. Prendi la carota, la mezza cipolla e la costa di sedano, pelale e tritale. Sposta così il battuto risultante in una ciotola di vetro e condisci con olio. Poni nel microonde a rosolare a 750 W per 2 minuti.

➢ Scola ora le lenticchie, poi mettile insieme alle verdure per condire poi tutto con la foglia di alloro, il sale e la polpa di pomodoro. Mescola ben bene e trasferisci nel vasetto grande.

➢ Aggiungi il brodo vegetale al vasetto, chiudi e agita per un po' al fine di amalgamare e creare un'unica consistenza. Puoi ora mettere a cuocere a microonde per 12 minuti a 750 W. Lascia riposare al termine per 20 minuti con un canovaccio sopra, fin tanto che l'interno smetta di bollire. Agita poco poco il vasetto ogni qualche minuto.

➢ Quando vorrai servire, sposta il vasetto fuori dal frigorifero per qualche minuto e metti poi a scaldare a microonde con il coperchio sganciato per 6 minuti circa a 700 W.

SUGGERIMENTI

- Al posto di usare il ragù come semplice condimento, puoi creare volendo anche una zuppa, aumentando le proporzioni per una maggiore consistenza e volume e aumentando l'apporto del brodo vegetale.

Sugo alla puttanesca

INGREDIENTI

300 g di pomodori pelati
1 peperoncino piccante
1 cucchiaino di capperi
1 acciuga salata
10 olive sia verdi sia nere denocciolate
1 ramo di prezzemolo
1 spicchio d'aglio
q.b. di sale ed olio extravergine d'oliva

 7 minuti

 7 minuti

 30 giorni

 1 da 500 ml

 3 persone

 2 / 5

PROCEDIMENTO

- Versa i capperi in una ciotola piena d'acqua così che stiano in ammollo da parte. Poi prendi e lava l'acciuga, tritandola e spostandola già nel vasetto. Affetta il peperoncino, pela e trita l'aglio e aggiungi anch'essi al vasetto. Condisci con un filo d'olio e metti nel microonde per 1 minuto a 650 W.
- Tira fuori dall'acqua i capperi versandoli ben strizzati all'interno del vasetto. Schiaccia i pelati e versali nel vasetto insieme alle olive, un pizzico di sale ed al prezzemolo tritato, mescolando con cura qualche minuto.
- Dopo aver adeguatamente chiuso i ganci laterali, sigillando così la guarnizione del vasetto, metti a cuocere nel microonde per 6 minuti a 750 W. Al termine dell'operazione non resta che far riposare il sugo alla puttanesca avvolto da un canovaccio per 20 minuti. Agita un paio di volte durante questo lasso di tempo poi sposta in frigorifero, oppure apri e scalda a microonde prima di adoperarlo caldo dove ti serve.

SUGGERIMENTI

- Se ti piace il gusto deciso e piccante dello zenzero e il suo potere naturalmente antinfiammatorio, puoi grattugiarne all'interno del vasetto un tocchetto di circa 20 g e mescolarlo insieme al resto prima di cuocere

Sugo all'amatriciana

INGREDIENTI

100 g di guanciale
200 g di pomodori pelati
1 cucchiaio di vino bianco
½ peperoncino piccante
q.b. di olio extravergine d'oliva e sale

 8 minuti

 10 minuti

 30 giorni

 1 da 500 ml

 2 persone

 2 / 5

PROCEDIMENTO

> Per prima cosa taglia a dadi il guanciale e mettilo in una piccola ciotola di vetro. Aggiungici ora il peperoncino, un filo d'olio e rosola a microonde per 2 minuti circa a 750 W. Ferma, aggiungi il vino e riprendi con il microonde ancora per 1 minuto intero.
> Ora devi prendere i pomodori pelati e schiacciarli con una forchetta prima di versarli nel vasetto insieme anche a un pizzico di sale. Mescola bene entrambi i vasetti, pulisci i bordi e sigilla.
> Fai cuocere nel microonde per 7 minuti a 700 W. Fai riposare coperto da un panno da cucina per 20 minuti. A temperatura del vaso ormai fredda sposta nel frigorifero per la sua conservazione oppure dopo aver aperto i ganci, scalda ancora nel microonde per qualche minuto per poterlo adoperare.

SUGGERIMENTI

- Attenzione agli schizzi dell'olio! Nella prima fase quando rosoli, copri la ciotola con una pellicola di alimenti protettiva o un foglio di carta da cucina.

Salsa di Pomodorini

INGREDIENTI

300 g di pomodorini pachino
1 spicchio d'aglio
3 foglie di basilico
q.b. di sale ed olio

 2 minuti

 6 minuti

 15 giorni

 1 da 500 ml

 2 persone

 2 / 5

PROCEDIMENTO

- Inizia con lavare i pomodorini e metterli ancora interi nel vasetto. Aggiungi lo spicchio d'aglio sbucciato, le foglie di basilico e un pizzico di sale ed olio secondo tuo gusto. Pulisci sempre i bordi del vasetto e sigilla con i ganci.
- Imposta il microonde alla potenza di 750 W e cuoci per 6 minuti. Fai riposare anche in questo caso il sugo, coprendolo con un canovaccio, a temperatura ambiente per 20 minuti. Conserva in frigorifero e quando sarà il momento, prima di impiegarlo per i tuoi primi piatti, ricordati di aprire il vasetto e scaldare.

SUGGERIMENTI

- Sono veramente tanti i piatti che puoi realizzare che richiedano un buon sugo come questo: pasta, gnocchi o bruschette si prestano sempre a questo scopo.
  Sfrutta soprattutto i pomodori più maturi per fare questo sugo, eviterai degli sprechi non necessari.
- Se ti piace un gusto più spiccato puoi tritare l'aglio o aggiungere un battuto di cipolla rossa di Tropea e del peperoncino.

Sugo ai funghi

INGREDIENTI

350 g di funghi porcini surgelati
6 pomodorini
100 ml di polpa di pomodoro
2 rami di prezzemolo
½ cucchiaino di dado
½ cipollla
q.b. di sale e olio extravergine d'oliva

 8 minuti

 13 minuti

 15 giorni

 1 da 1 litro

 4 persone

 2 / 5

PROCEDIMENTO

➤ Scongela i funghi il tempo necessario affinché il ghiaccio si dissolva. Lava e riduci poi i pomodorini in piccoli cubi della stessa dimensione. Prendi la cipolla, affettala finemente e spostala già nel vasetto, rivestendola con poco olio. Fai quindi rosolare nel microonde per 1 minuto a 750 W.

➤ Dopo questa prima fase, ora aggiungi in questo vasetto grande anche i pomodorini, la polpa, il dado, i funghi, il prezzemolo già lavato e tritato ed un pizzico di sale. Mescola bene il tutto quindi pulisci i bordi e sigilla.

➤ Cuoci nel microonde alla potenza di 750 W per 12 minuti. Lascia riposare per 20 minuti con il vasetto sempre ben chiuso e coperto da un panno da cucina. In questo caso consiglio di agitarlo di tanto in tanto, senza mai capovolgerlo, affinché tutti i sapori rimangano ben amalgamati all'interno. Riponi infine in frigorifero per un utilizzo successivo oppure scalda a microonde per 6 minuti a media potenza con il vasetto aperto.

SUGGERIMENTI

- A seconda del tipo esatto di dado che adoperi, la quantità di sale necessaria cambierà. Assaggia prima della cottura finale se ti aiuta a verificarne la sapidità.

Pesto di Zucchine

INGREDIENTI

300 g di zucchine
3 foglie di basilico
30 g di Grana Padano grattugiato
1 cucchiaino di pinoli
1 cucchiaino di granella di mandorle
1 spicchio d'aglio
q.b. di sale ed olio extravergine d'oliva

 8 minuti

 6 minuti

 15 giorni

 1 da 500 ml

 3 persone

 2 / 5

PROCEDIMENTO

➢ Come prima cosa è necessario che tosti i pinoli insieme alla granella di mandorle. Per fare questo versali insieme nel vasetto e falli andare a microonde per 1 minuto alla potenza di 900 W.

➢ Prendi le zucchine, sono da lavare sotto acqua corrente, spuntare e poi grattugiare non troppo finemente. Spostale nel vasetto insieme al resto, dove mancano all'appello l'aglio (da tritare), il basilico, un pizzico di sale e un cucchiaio d'olio. Mescola bene il tutto e sei pronto a cuocere a microonde.

➢ Dopo aver adeguatamente pulito i bordi del vasetto, sigilla e chiudi con i ganci. Fai cuocere nel microonde per 5 minuti a 750 W. Dovresti avere ottenuto la consistenza di un pesto. Fai riposare per 20 minuti fuori frigo a temperatura ambiente prima di spostare in conservazione. Ricordati sempre di scaldare il pesto con il coperchio e quindi i ganci aperti.

SUGGERIMENTI

• Se preferisci al posto delle mandorle, puoi usare una granella alternativa già pronta o tritare da te della frutta secca e testare il gusto che più si addice al tuo palato.

Brodo di Pesce

INGREDIENTI

150 g di branzino
3 carapaci di gamberi
3 pomodorini
1 ramo di prezzemolo
1 spicchio d'aglio
1 cucchiaio di vino bianco
q.b. di olio extravergine d'oliva, sale e pepe

 8 minuti

 12 minuti

 15 giorni

 1 da 1 litro

 2 persone

 2 / 5

PROCEDIMENTO

➢ Prendi il branzino e dopo averlo lavato accuratamente, grattando eventualmente via le impurità, puliscilo fino a ricavare le parti edibili pulite. Lava poi i pomodorini e le erbe aromatiche e pela anche lo spicchio d'aglio. Inserisci così questi ingredienti insieme a quelli mancanti nel vasetto e aggiungi 400 ml di acqua.

➢ Chiudi ora bene il vasetto, pulendo i bordi prima e sigillando con i ganci poi. Cuoci a microonde alla potenza di 750 W per 12 minuti. Fai riposare per altri 20 minuti al termine. Sposta ora in frigorifero per la sua conservazione; quando sarà il momento, apri il vasetto e filtra il brodo con un colino a maglie fitte prima di impiegarlo per le tue ricette.

SUGGERIMENTI

- Puoi usare questo brodo per preparare anche dei risotti a gusto di mare.

Brodo di Carne

INGREDIENTI

150 g di manzo macinato
160 g di carote
3 pomodorini
1 costa di sedano
¼ di cipolla
q.b. di sale e pepe

 5 minuti

 12 minuti

 15 giorni

 1 da 1 litro

 3 persone

 2 / 5

PROCEDIMENTO

➢ Per prima cosa lava i pomodorini, pelali poi in pezzi così come il resto delle verdure. Prendi la carne macinata e ponila nel vasetto insieme alle verdure e 400 ml di acqua. Miscela bene il tutto con del pepe e sale a tua discrezione.

➢ Chiudi ora il vasetto avendo la premura di pulire i bordi, e aggancia. Puoi ora cuocere a 750 W per 12 minuti. Questa volta al termine, fai riposare per 2 ore a temperatura ambiente, coprendo il vasetto con un canovaccio. In questo modo il brodo terminerà la cottura e si creerà il sottovuoto.

➢ Metti a conservare il brodo ancora sigillato nel frigorifero per un tempo massimo di 2 settimane come indicato a fianco, e quando vorrai usarlo ti basterà aprire i ganci e mettere a scaldare a microonde per 5 minuti a 750 W.

SUGGERIMENTI

• Tieni d'occhio la cottura del vaso nel microonde, in modo che se bolle troppo forte tu possa abbassare di poco la potenza per tempo e terminare la cottura in questo modo.

SECONDI

- **Carne bianca:** tagliare in pezzi e cuocere in vasi grandi insieme alle ossa
- **Carne rossa:** cottura prolungata a potenza più bassa
- **Pesce e crostacei:** inserire ancora surgelati e cuocerli tra altri alimenti
- **Uova, formaggi e latticini:** cottura breve a potenza ridotta

Roast Beef

INGREDIENTI

300 g di scamone
1 spicchio d'aglio
½ ramo di rosmarino
q.b. di olio extravergine d'oliva, sale e pepe

 6 minuti

 5 minuti

 5 giorni

 1 da 500 ml

 2 persone

 3 / 5

PROCEDIMENTO

> Per prima cosa devi insaporire il taglio di carne, mettendolo su un tagliere, tamponarlo con carta da cucina e smuoverlo con sale e pepe. Pela lo spicchio d'aglio, lava e asciuga il rosmarino subito dopo.

> Ora riversa nel vasetto che abbiamo un filo d'olio, inserendo poi la carne centralmente, a fianco metti lo spicchio d'aglio e il rosmarino. Fai in modo che la carne non tocchi i bordi del vasetto, schiacciandola leggermente se necessario. Poi ricopri con altro olio extravergine, senza esagerare.

> A questo punto puoi chiudere il vasetto non prima di aver pulito come sempre i bordi. Fai cuocere per 5 minuti a 700 W. Fai riposare per 10 minuti a vasetto chiuso in modo tale che il calore ancora presente possa continuare a cuocere la carne, specialmente la parte più centrale.

> La conservazione eventuale non si deve protrarre in frigorifero troppo, quindi massimo 5 giorni. Al momento in cui vorrai servire apri il vasetto, metti nel microonde a scaldare per qualche minuto a 700 W, poi per servire estrai la carne senza bucarla e tagliale a fette.

SUGGERIMENTI

- In sostituzione al taglio dello scamone, puoi utilizzare un taglio di carne comunque tenero confacente con il piatto.
- Per servire la carne puoi preparare in precedenza un letto di rucola e pomodorini, adagiare poi la carne sopra. Infine, se desideri, creare un condimento con l'olio del vasetto ancora più gustoso: prepara un'emulsione con olio, senape e succo di limone poi riversalo sulla carne nel piatto.

Pollo alle patate

INGREDIENTI

400 g di cosce di pollo disossate
250 g di patate
1 ramo di rosmarino
1 spicchio d'aglio
20 ml di vino bianco
q.b. di sale, pepe ed olio extravergine d'oliva

 8 minuti

 16 minuti

 7 giorni

 1 da 1 litro

 2 persone

 2 / 5

PROCEDIMENTO

- Prendi le cosce di pollo già disossate e tagliale in pezzi uguali. Sbuccia le patate e tagliale nella forma e dimensione che più preferisci. Pela lo spicchio d'aglio e riducilo in parti più piccole, infine lava il rosmarino.
- A questo punto è necessario riportare solo nel vasetto gli ingredienti condendo con le quantità di olio, sale, pepe a cui sei abituato e sfumare con il vino bianco indicato.
- Pulisci bene i bordi del vasetto e chiudilo, agitandolo poi ancora qualche istante affinché gli ingredienti si amalgamino bene. Cuoci alla potenza di 650 W per 16 minuti. Lascia, infine, riposare 20 minuti prima di aprire e servire, oppure poni in frigorifero per una durata di conservazione che non deve superare i 7 giorni.

SUGGERIMENTI

- Se vuoi aggiungere un sapore, puoi tagliare anche dei porcini in parti piccole da inserire all'interno.

Involtini di carne con pancetta e carciofi

INGREDIENTI

6 fettine di carne di manzo sottili
450 g di cuore di carciofo
1 cipollotto
60 g di pancetta affumicata
30 g di pangrattato
2 rami di prezzemolo
q.b di olio extravergine d'oliva, vino bianco, sale e pepe

 12 minuti

 8 minuti

 15 giorni

 2 da 500 ml

 2 persone

 4 / 5

PROCEDIMENTO

- Prendi il cipollotto, pelalo e affettalo. Mettilo ora in una ciotolina di vetro e condisci con olio, poi fai rosolare per 2 minuti nel microonde alla potenza di 750 W. Mentre aspetti taglia il cuore dei carciofi in spicchi più piccoli e trita il prezzemolo dopo averlo lavato.
- È il momento di riunire e mescolare i seguenti ingredienti: il pangrattato, il trito di prezzemolo, un pizzico di sale e pepe. Dopodiché, siccome dovrai riempire due vasetti separati, ripeti la seguente operazione due volte: adagia su un tagliere 6 fettine di carne, poi farcisci ciascuna con 10 g di pancetta, uno spicchio di carciofo e 5 g di pangrattato corrispondente a 1 cucchiaino raso. Ora arrotola le fettine una dopo l'altra a creare degli involtini.
- Riponi ora in un vasetto metà dei cipollotti rosolati, 3 involtini, e parte dei carciofi rimasti, tenendone fuori un po' per riempire il secondo. Bagna con il vino poi pulisci i bordi, chiudi e aggancia. Fai la stessa cosa con il secondo vasetto poi metti nel microonde a cuocere per 6 minuti a 750 W. Lascia riposare per 20 minuti, agitando ogni vasetto con l'aiuto di un canovaccio di tanto in tanto. In questo modo sosterrai il post cottura. Conserva in frigorifero o scalda e servi come di consueto.

SUGGERIMENTI

- Questa ricetta la potrai copiare per creare involtini diversi e vari secondo tua fantasia e gusto: tacchino farcito con pancetta e spicchi di arancia oppure il coniglio con pinoli e olive oppure del pollo farcito con dei bastoncini di zucchine e carote

Baccalà piccante con prezzemolo

INGREDIENTI

600 g di baccalà dissalato
1 spicchio d'aglio
2 rami di prezzemolo
1 peperoncino piccante
q.b. di olio extravergine d'oliva e scorza di limone

 7 minuti

 10 minuti

 15 giorni

 2 da 500 ml

 4 persone

 2 / 5

PROCEDIMENTO

> Prendi il baccalà, lavalo per bene e prima di tagliarlo in pezzi regolari, tamponalo con della carta assorbente. Ora procedi con la lavorazione dei restanti ingredienti: pela lo spicchio d'aglio dividendolo in due, lava il prezzemolo, asciugalo e fai un trito. Trita anche il peperoncino.

> Prepara ora i due vasetti. Spennella il fondo di ciascuno con olio extravergine d'oliva poi sistema i filetti di pesce in modo che occupino buona parte del volume del vasetto. Aromatizzali con i restanti ingredienti preparati. Grattugia la scorza di limone secondo la quantità di tuo gusto. Lascia a condimento per 10 minuti il baccalà all'interno dei vasetti.

> Dopo aver aspettato, pulisci i bordi e sigilla bene la guarnizione. Cuoci a microonde per 10 minuti a 600 W. Al termine lasciali riposare per 20 minuti. Arrivato a questo punto puoi sia mettere in conservazione in frigorifero sia tirare la guarnizione, sfilare i tranci di baccalà dai vasetti, scolarli e servirli.

SUGGERIMENTI

- Il sale non è stato aggiunto di proposito al fine di evitare che il gusto sia troppo salato, anche perché la vasocottura amplifica il gusto già salato del baccalà.
- Conserva questa ricetta e utilizzala per altre varietà di pesce come lo sgombro, il tonno, lo stoccafisso e altri ancora.

Pesce stocco alla Messinese

INGREDIENTI

700 g di stoccafisso
600 g di patate
10 olive nere
2 cucchiaini di capperi sotto sale
10 pomodorini tipo pachino
1 cipolla piccola
2 rami di prezzemolo
q.b. di origano, olio e sale

 10 minuti

 15 minuti

 7 giorni

 2 da 1 litro

 4 persone

 4 / 5

PROCEDIMENTO

> Inizia con lo stoccafisso, se ce l'hai non ammollato segui le indicazioni successive, sennò passa al secondo passaggio.
> Rimuovi con cautela il budello dai tranci, così da eliminare gran parte della carica batterica dal pesce. Il budello, o vescica, si trova all'interno ed è facilmente distinguibile perché di colore nero e si identifica aprendolo a metà. A questo punto mettilo in ammollo in acqua fredda, assicurandoti di coprire bene il contenitore che lo contiene. Spostalo in frigorifero e dopo 2 ore, cambia l'acqua. Poi nell'arco delle successive 36 ore cambiare l'acqua ogni 8 ore è sufficiente.

> Sbuccia e affetta la cipolla, spostala così in una piccola ciotola in vetro, condendola con dell'olio per farla poi rosolare nel microonde a 750 W per soli 3 minuti. Prendi i capperi e mettili a bagno poi lava i pomodorini e tagliali in due ciascuno ed infine sbuccia, lava ed ottieni dei tocchetti di patate. Taglia ora lo stoccafisso ammollato ulteriormente pulendolo di eventuali spine.

> Distribuisci sul fondo di ogni vasetto metà di tutti gli ingredienti, aggiungendo anche olio extravergine d'oliva e sale a tua discrezione. Pulisci i bordi dei vasetti poi chiudi e aggancia. Cuoci finalmente nel microonde per 12 minuti a 750 W. Lascia quindi riposare anche in questo per 20 minuti prima di spostare in frigorifero per la consumazione futura.

SUGGERIMENTI

- Puoi aggiungere a questa preparazione dei pinoli tostati ed uva passa se di tuo gusto.

Scampi al pangrattato con pomodori

INGREDIENTI

14 scampi surgelati
4 pomodori pelati San Marzano
1 spicchio d'aglio
15 ml di vino bianco
1 mazzo di prezzemolo
40 g di pangrattato
3 cucchiai di olio extravergine d'oliva
1 peperoncino
q.b. di sale e pepe

 12 minuti

 9 minuti

 3 giorni

 1 da 1 litro

 2 persone

 3 / 5

PROCEDIMENTO

➢ Togli innanzitutto gli scampi dal surgelatore fino a che raggiungono la temperatura ambiente. Pela lo spicchio d'aglio, taglia in fette non troppo sottili i pomodorini e trita il prezzemolo. A questo punto gli scampi sono pronti per essere lavorati: taglia via le zampe ed i filamenti lasciando le chele attaccate.

➢ In un vasetto da litro largo sposta lo spicchio d'aglio, il peperoncino e due cucchiai d'olio. Fai rosolare per 1 minuto nel microonde. Versa metà del pangrattato, metà dei pomodori, sistemaci gli scampi e sala a piacere. Ricopri ora con la restante parte di pelati, di pangrattato e un giro d'olio. Bagna infine con il vino bianco e spargi metà del prezzemolo tritato.

➢ Cuoci il vasetto per 8 minuti alla potenza di 750 W, poi lascia riposare per 20 minuti prima di mettere in conservazione in frigorifero per qualche giorno. Al momento di servire, semplicemente riscalda il vasetto aperto come da procedura per qualche minuto. Guarnisci con il prezzemolo tritato rimasto ed un filo di liquido di cottura.

SUGGERIMENTI

- Cambia il peperoncino con la paprika o qualche altra spezia per un gusto diverso

Fegato alla Veneziana

INGREDIENTI

400 g di fegato di maiale
1 cipolla bianca grande
25 g di burro
1 foglia di alloro
q.b. di aceto di vino bianco,
olio extravergine d'oliva, sale e pepe

 12 minuti

 14 minuti

 2 giorni

 2 da 500 ml

 2 persone

 3 / 5

PROCEDIMENTO

- Prendi una ciotola di vetro e spostaci all'interno il burro, la cipolla già pelata e affettata, un filo d'olio e un pizzico di sale. Rosola così la cipolla nel microonde per 2 minuti a 900 W. Ora aggiungi la foglia di alloro e una modesta quantità di aceto, dopodiché applica alla ciotola una pellicola per alimenti per dare aria all'interno durante la cottura successiva, forando qua e là. Riporta quindi nel microonde per altri 4 minuti a 750 W.
- Taglia il fegato di maiale a listarelle e mettilo nella medesima ciotola dopo aver rimosso del tutto la pellicola. Aggiungi ancora sale e pepe e mescola abbondantemente. È importante che il fegato si aromatizzi prima di distribuirlo insieme al suo condimento nei due vasetti.
- Infine cuoci nel microonde per 8 minuti a 750 W. A questo punto fai riposare 10 minuti prima di muovere in frigorifero per la conservazione e consumo successivo, oppure semplicemente tirare la guarnizione e servire immediatamente

SUGGERIMENTI

- I tempi di cottura è bene in questo caso monitorarli perché il fegato risente maggiormente della temperatura ambiente. Calcola eventualmente 2 minuti dalla fine della cottura quando i vasetti raggiungono all'interno l'ebollizione del condimento.
- Non superare i giorni indicati per la conservazione del fegato.
- Accompagnare ad esempio con della polenta tagliata a dischi.

Gamberi al curry

INGREDIENTI

300 g di gamberi surgelati
20 ml di salsa di soia
40 ml di latte di cocco o yogurt greco
½ cipollotto fresco
q.b. di olio extravergine d'oliva, curry, pepe e sale

PROCEDIMENTO

- Inizialmente metti a scongelare i gamberi, fino a che raggiungono la temperatura ambiente. Lava e puliscili ora, eliminando il carapace, il budello e lasciando la coda. Tampona con carta assorbente e spostali in una ciotola. Condisci con un cucchiaio di olio, salsa di soia, mezzo cucchiaino di curry ed un pizzico di pepe. Marina tutto per 15 minuti.
- Pela il cipollotto e tritalo. Condisci con olio e cuoci a coperchio aperto per 1 minuto a 750 W.
- Scola ora i gamberi e distribuiscili nel vasetto insieme alla cipolla. Pulisci i bordi, chiudi bene e metti a cuocere nel microonde per 4 minuti alla potenza di 750 W. Lascia a questo punto riposare per 20 minuti, nel frattempo versa il latte di cocco nella marinata di gamberi e mescola tutto. Copri e tieni da parte. Quando vorrai consumare, scalda i gamberi a vaso aperto per qualche minuto nel microonde ed aggiungi poi la crema di cocco a temperatura ambiente mescolando bene.

SUGGERIMENTI

- Puoi sempre conservare i gamberi per un consumo successivo, ma ricorda di mescolare la marinata con il latte di cocco solo poco prima del servizio.

 15 minuti

 5 minuti

 5 giorni

 1 da 500 ml

 2 persone

 3 / 5

Branzino sottovuoto

INGREDIENTI

900 g di branzino
8 pomodorini
1 spicchio d'aglio
1 ramo di prezzemolo
q.b. di origano, olio extravergine d'oliva e sale

 20 minuti

 5 minuti

 5 giorni

 2 da 500 ml

 4-6 persone

 3 / 5

PROCEDIMENTO

➢ Come prima cosa è necessario pulire tutto il branzino con calma e pazienza. Elimina le squame se presenti e poi tutta la lisca facendo attenzione alle spine più piccole. Rimuovi testa e pinna e mettili da parte. Lava sotto l'acqua velocemente e taglialo in tranci.

➢ In ogni vasetto sposta ora: metà branzino tagliato, metà pomodorini già lavati e tagliati in due, metà del prezzemolo, mezzo spicchio d'aglio sbucciato e tagliato, sale ed origano a piacere. Riversa un filo d'olio e pulisci il bordo del vasetto. Ripeti l'operazione per il secondo.

➢ Chiudi bene i tappi poi metti nel microonde a cuocere per 5 minuti a 750 W. A termine cottura lascia riposare per 20 minuti così da favorire la formazione del sottovuoto. Conserva in frigo o servi alzando la guarnizione e scaldando se preferisci consumare più caldo.

SUGGERIMENTI

- Se vuoi fare dei filetti, sostituisci il taglio a pezzetti del pesce intero, arrotolando su se stesso i filetti e aggiungendo poi tutti gli ingredienti come da ricetta.

Pollo alle olive

INGREDIENTI

500 g di petto di pollo
12 olive verdi denocciolate
12 olive nere denocciolate
2 spicchi d'aglio
1 ramo di rosmarino
q.b. di olio extravergine d'oliva, sale e pepe

 5 minuti

 5 minuti

 15 giorni

 2 da 500 ml

 2 persone

 2 / 5

PROCEDIMENTO

➢ In questa ricetta prendi gli spicchi d'aglio e dopo averli pelati, tagliali in pezzi più grandi. Poi tampona il pollo con la carta assorbente prima di procedere a ridurlo in pezzi regolari minori. Lava il rosmarino.

➢ Dividi ora il pollo nei due vasetti aggiungendo le olive, l'aglio, il rosmarino, il sale, l'olio extravergine d'oliva e quanto pepe desideri. Mescola bene ciascuno dei due vasetti prima di pulire i bordi e chiudere con i ganci come di consueto.

➢ Cuoci nel microonde a 750 W per 5 minuti. Lascia riposare per 20 minuti prima di spostare alternativamente o in frigo o in tavola per la consumazione.

SUGGERIMENTI

• Puoi utilizzare anche le cosce di pollo private dell'osso al posto del petto in questo caso aumenta la cottura di 1 minuto e sfuma con un tocco di vino bianco prima della cottura.

Salmone con pomodorini ed erbe

INGREDIENTI

2 tranci di salmone
250 g di pomodori piccadilly
3 fili di erba cipollina
3 foglie di basilico
1 ramo di prezzemolo
1 ramo di timo
15 ml di olio extravergine d'oliva
q.b. di sale ed aglio

 7 minuti

 5 minuti

 5 giorni

 1 da 500 ml

 1 persona

 2 / 5

PROCEDIMENTO

- Lava i pomodorini e dividili in due parti, poi lava e trita le erbe aromatiche. Sposta nel vasetto i pomodorini, metà delle erbe, uno spicchio d'aglio sbucciato e un giro di sale. Metti ora i tranci di salmone, l'ultima dose di erbe e concludi con un filo d'olio. Pulisci i bordi del vasetto poi sigilla ed aggancia. Agita bene così da distribuire bene tutto il condimento, ma senza mai capovolgere.
- Cuoci per 5 minuti a 750 W poi copri con un canovaccio durante la fase di riposo, così da prolungare il post-cottura per un totale di 20 minuti. Agita di tanto in tanto per contribuire ad amalgamare i sapori. Ora il salmone è pronto, decidi se conservare in frigorifero oppure sganciare il coperchio e riscaldare per qualche minuto in microonde prima di servire

SUGGERIMENTI

- In questo caso è preferibile consumare il giorno dopo per ottenere un piatto più saporito; in ogni caso potete sempre inter-scambiare con altro pesce come orata, merluzzo etc

Hamburger con patate

INGREDIENTI

300 g di hamburger
300 g di patate
q.b. di erbe aromatiche, sale, pepe nero, olio extravergine d'oliva

 6 minuti

 20 minuti

 7 giorni

 1 da 1 litro

 2 persone

 2 / 5

PROCEDIMENTO

> Lava e pela le petate, dopodiché ripassale sotto l'acqua e tagliale una volta che le hai tamponate con della carta assorbente. La forma che devi ottenere in questo caso è circolare, quindi ottieni dei dischi con l'aiuto se ce l'hai di una affetta verdure. Sposta quindi le patate su una teglia dove avrai sparso in anticipo dell'olio; fai quindi cuocere in microonde per 10 minuti alla potenza di 500 W con la funzione Crisp.

> Inserisci ora metà delle patate nel vasetto e ricopri con metà dell'hamburger ancora da cuocere. Condisci con giro di sale, unno di erbe, uno di peperoncino ed un cucchiaio d'olio. Ripeti l'operazione per il secondo vasetto dopodiché pulisci i bordi.

> Fai cuocere per 10 minuti alla potenza di 750 W. Al termine, fai riposare per 20 minuti senza aprire, così da garantire il postcottura giusto. Riponi in frigorifero per un eventuale consumo successivo, oppure riscalda in microonde a tappo ora aperto per qualche minuto.

SUGGERIMENTI

- Le patate le puoi sostituire con una verdura se preferisci, tenendo presente che sono necessarie, le une o le altre, al fine di preservare i tempi di conservazione.

Tonno con cipolle

INGREDIENTI

400 g di tonno
3 cipolle rosse di Tropea
4 cucchiai di aceto di vino bianco
10 g di zucchero di canna
30 ml di olio extravergine d'oliva
q.b. di sale e pepe

PROCEDIMENTO

- Pela le cipolle e tagliale in tocchetti, poi mettile in una ciotola di vetro condendole con un filo d'olio prima di mettere a rosolare in microonde alla massima potenza, circa 900 W, per 2 minuti.
- A termine aggiungi ancora l'aceto, lo zucchero e uno spizzico di sale e pepe, mescola e fai cuocere per altri 2 minuti sempre in microonde.
- Distribuisci ora i pezzi di cipolla ormai in agrodolce tra i due vasetti, inserendo anche 200 g di tonno per ciascuno. Ricopri il tonno con la cipolla e pulisci i bordi.
- Chiudi i vasetti tirando bene la guarnizione e fai cuocere alla potenza di 700 W per 5 minuti. Quando finisce la cottura, lascia riposare per 15 minuti in modo tale che si formi il sottovuoto necessario alla conservazione.
- Nel momento in cui vuoi impiattare, scalda semplicemente ogni vasetto, aprendo i coperchi, e riscaldando per 3 minuti.

 8 minuti

 9 minuti

 15 giorni

 2 da 500 ml

 2 persone

 2 / 5

SUGGERIMENTI

- Regola di zucchero sale e pepe secondo i tuoi gusti dopo la prima preparazione; se modifichi in anticipo le quantità rischi che la cipolla non sia del tutto caramellata e che quindi non permetta di conservare adeguatamente il tonno, soprattutto se consumato dopo una settimana.

Polpettone

INGREDIENTI

400 g di carne di manzo tritata
50 ml di latte
1 noce di burro
120 g di pangrattato
50 g di Grana Padana grattugiato
3 uova
1 spicchio d'aglio
2 rametti di prezzemolo
½ porro
q.b di olio extravergine
vino bianco e sale

 15 minuti

 18 minuti

 15 giorni

 2 da 1 litro

 6 persone

 5 / 5

PROCEDIMENTO

> Inizia con sbucciare lo spicchio d'aglio e ridurlo in tocchetti più piccoli che sono poi da tritare. Lava il prezzemolo poi prendi una ciotola capiente e metti all'interno la carne tritata, i bianchi e rossi d'uovo, il pangrattato, il Grana Padano grattugiato, il latte, l'aglio, il prezzemolo ed il sale. Impasta con le mani per amalgamare bene tutto, poi dividi il composto in due parti che saranno le stesse da inserire nei due vasetti a disposizione.

> Versa ora dell'olio in una teglia apposita per il microonde e giraci i due polpettoni così da ungerli in maniera uniforme. Ora cuoci con la funzione grill per 8 minuti a potenza di 650 W non prima di aver ruotato i polpettoni a metà cottura.

> Mentre aspetti che la cottura termini, pela il porro e affettalo prima di spostarlo in uno scolapasta per lavarlo e poi scolarlo. Sposta i polpettoni caldi in un piatto e nella stessa teglia usata per i polpettoni distribuisci ora il porro scolato. Rosola così il porro per 2 minuti sempre a 650 W.

> Al termine della cottura di tutti questi ingredienti, dividi il porro in ogni vasetto poi inserisci le due porzioni di polpettone grande. Condisci con il burro l'uno e l'altro vasetto insieme al vino bianco.

> Sei ora pronto per cuocere a microonde: questa volta dopo aver pulito i bordi e sigillato bene la guarnizione. La potenza da impostare è di 750 W per un tempo di 8 minuti. Lascia riposare per 20 minuti. Sposta poi in frigorifero per un uso futuro oppure estrai i polpettoni e servili insieme al loro fondo di cottura.

SUGGERIMENTI

- Puoi adeguare questa ricetta preparando anche polpette di pollo e di tacchino.
- In sostituzione a porre in microonde a rosolare le due porzioni di polpettone create, puoi farlo in padella per renderlo più succoso.

Calamari con patate

INGREDIENTI

1200 g di calamari
600 g di patate
12 pomodorini
2 spicchi d'aglio
1 mazzetto di prezzemolo
30 g di pangrattato
q.b. di origano, olio extravergine d'oliva e sale

 12 minuti

 12 minuti

 7 giorni

 4 da 500 ml

 4 persone

 4 / 5

PROCEDIMENTO

> Prendi tutti i calamari e con pazienza puliscili bene, passandoli sotto l'acqua corrente. Tagliali poi dopo averli scolati in pezzi da tenere da parte. Sbuccia ora le patate, lavale e poi riduci anche queste in cubetti un po' più grandi. Tieni pronti i pomodorini lavando anch'essi.

> Sbuccia gli spicchi d'aglio, lava il prezzemolo e poi trita entrambi. Distribuisci inizialmente solo l'aglio tritato in una teglia apposita per il microonde, aggiungi l'olio e fai rosolare per 2 minuti a 750 W. Poi tira fuori la teglia e riponici uniformemente anche i calamari mescolandoli bene e facendo cuocere per 4 minuti alla stessa potenza.

> Suddividi già le patate, i pomodorini, il prezzemolo tritato, il sale e l'origano all'interno di tutti i vasetti. Solo a questo punto distribuisci i calamari insieme al fondo di cottura e cospargendo come copertura di pangrattato.

> Pulisci i bordi di tutti i vasetti e aggancia. Cuoci a 750 W per 6 minuti. Fai riposare infine per 20 minuti prima di decidere che uso farne.

SUGGERIMENTI

- Puoi provare ad aggiungere al condimento dei calamari un filo di succo di arancia e una leggera grattugiata della sua scorza per provare un gusto particolare e fresco.

Filetti di orata con patate

INGREDIENTI

350 g di filetti di orata surgelati
300 g di patate
1 spicchio d'aglio
1 cucchiaino di capperi sotto sale
8 olive nere
8 pomodorini
q.b. di un mix di erbe aromatiche,
olio extravergine di oliva e sale

 7 minuti

 12 minuti

 7 giorni

 1 da 1 litro

 2 persone

 2 / 5

PROCEDIMENTO

➢ Fai scongelare i filetti di orata come prima di ogni cosa così da avere il tempo di procedere con il resto. Sbuccia le patate, lavale e poi tagliale in pezzi grossi ma uniformi. Sbuccia anche l'aglio e affettalo. Prendi i capperi e mettili a bagno qualche minuto prima di scolarli. Se hai dei pomodorini grandi tagliali in due.

➢ Inserisci nel vasetto grande gli ingredienti appena preparati e aggiungi le olive, le erbe aromatiche e un pizzico di sale. Una volta che avrai sistemato all'interno anche i filetti versaci sopra un filo d'olio moderato poi pulisci i bordi e sigilla.

➢ Cuoci a microonde per 12 minuti alla potenza di 750 W e lascia al termine riposare come di consueto per 20 minuti. A tempo esaurito puoi ora conservare in frigorifero per un tempo massimo di 1 settimana oppure aprire i vasetti e gustare direttamente sui piatti.

SUGGERIMENTI

- Nel caso tu abbia dei filetti di orata freschi riduci il tempo di cottura di qualche minuto e aggiungi meno olio, questo perché il pesce non freddo tende ad assorbire di più e ad asciugare i liquidi maggiormente.
- Usa questa preparazione per cuocere varietà di pesce alternative a tua discrezione come il merluzzo, e tieni presente gli accorgimenti sul pesce non surgelato.

Polpo piccante al vino rosso

INGREDIENTI

400 g di polpo decongelato
300 ml di polpa di pomodoro
1 cipolla piccola
1 spicchio d'aglio
2 cucchiai di vino rosso
q.b. di sale, olio e peperoncini piccanti

 12 minuti

 12 minuti

 15 giorni

 2 da 500 ml

 2 persone

 3 / 5

PROCEDIMENTO

➢ Lava subito i polpi in acqua e rimuovi sia il becco sia gli occhi. Tampona questi ultimi con carta assorbente e tienili da parte. Prendi la cipolla e l'aglio e dopo aver sbucciato entrambi, affettali finemente dividendoli poi nei due vasetti. Condisci con olio extravergine d'oliva e metti a rosolare nel microonde per 2 minuti a 750 W.

➢ Inserisci metà del polpo in un vasetto e giralo con metà del condimento appena ricavato. Cerca di tenere i tentacoli rivolti verso il fondo del vasetto, poi fai rosolare a microonde per 2 minuti alla medesima potenza. Ripeti l'operazione con la rimanente parte nel secondo vasetto.

➢ Prendi ora ciascun vasetto con 150 ml di polpa di pomodoro, un cucchiaio di vino rosso, peperoncino abbondante o secondo il tuo gusto di gradimento, ed infine un pizzico di sale. Pulisci i bordi e aggancia per sigillare il coperchio.

➢ Cuoci nel microonde a 700 W per 8 minuti. A questo punto fai riposare fin tanto che il condimento, visibile all'interno, smette di bollire. Poni a conservazione per un tempo massimo di 2 settimane in frigorifero oppure apri e servi.

SUGGERIMENTI

• Qualora tu voglia impiegare dei polpi freschi sarà necessario verificare il grado e tempo di cottura abbassandolo, ma ancor prima passare i polpi in un batticarne.

- È fondamentale per la buona riuscita della consistenza del polpo che la cottura sia perfetta. I tempi indicati sono corretti ma è sempre opportuno verificare con la propria esperienza ed
- il proprio strumento, in questo caso il microonde, per una maggiore resa la volta successiva. Regola generale vuole che il post cottura è altrettanto importante per intenerire un pesce altrimenti rigido e duro come questo.

Ribs alle tre salse

INGREDIENTI

8 costine di maiale
1 cucchiaio di salsa Worcestershire
1 cucchiaio di salsa Ketchup
1 cucchiaino di senape
1 spicchio d'aglio
1 ramo di prezzemolo e rosmarino
q.b. di peperoncino, paprika e sale affumicato

 12 minuti

 15 minuti

 7 giorni

 1 da 1 litro

 2 persone

 3 / 5

PROCEDIMENTO

> Prendi una ciotola e mettici all'interno le costine di maiale, da parte per il momento. Pulisci i rami di erbe tenendo le foglie, poi lavale e tritale. Prendi ora l'aglio, pelalo e tritalo finemente. Unisci l'aglio e le costine ed aggiungi gli ingredienti rimanenti. Mescola tutto molto bene prima di far riposare per 30 minuti.

> Quando il tempo è passato, sposta le costine aromatizzate in una teglia spennellata di olio e fai rosolare per 10 minuti con la funzione grill alla potenza di 600 W, a metà cottura rigirale. A termine di questa prima fase, spostale in un vaso capiente insieme al liquido di cottura. Pulisci il bordo.

> Sigilla le guarnizioni e sposta ora per la cottura in microonde. Durata di 5 minuti alla potenza di 750 W. Fai riposare mezz'ora a temperatura ambiente, prima di muovere in frigorifero per un consumo settimanale oppure apri e riscalda poi impiatta.

SUGGERIMENTI

- In caso voleste cuocere in vasetti più piccoli, la durata necessaria a cuocere sarà ridotta a 4 minuti in totale. In ogni caso verifica il momento in cui il liquido interno inizia a bollire, e calcola da quel momento 4 minuti.

Seppie con timo

INGREDIENTI

500 g di seppie
1 spicchio d'aglio
2 grani di pepe nero
2 rami di timo

 8 minuti

 12 minuti

 15 giorni

 1 da 1 litro

 3 persone

 2 / 5

PROCEDIMENTO

> Per prima cosa eviscera le seppie, lavale e poi asciugale con della carta assorbente. Lava i rametti di timo e pela lo spicchio d'aglio tagliandolo a metà

> Prendi due cucchiai di olio extravergine e versali all'interno del vasetto come fondo, in cui poi inserire 250 g di seppie. Aromatizza ancora con mezzo spicchio d'aglio, un rametto di timo e un grano di pepe nero. Ora procedi adagiando la restante seppia e aromatizza come prima.

> Dopo essersi assicurati che le seppie non entrino in contatto con il vetro del vasetto, aggiungi ancora dell'olio sull'ultima seppia. Pulisci i bordi e sigilla così da cuocere a microonde alla potenza di 300 W per 12 minuti. A termine cottura lascia riposare per due ore. Prima di servire le seppie scolale dal vasetto e tagliale in pezzetti.

SUGGERIMENTI

- In questa ricetta è suggeribile lasciare riposare le seppie nel loro condimento per almeno 1 giorno così da renderle più gustose.

Trota salmonata con aneto e arancia

INGREDIENTI

4 filetti di trota da 200 g
2 arance
30 ml di aneto
q.b. di sale, olio extravergine d'oliva e pepe bianco

 7 minuti

 5 minuti

 15 giorni

 4 da 500 ml

 4 persone

 2 / 5

PROCEDIMENTO

> Spremi le due arance al fine di ottenere un succo poi filtralo attraverso un colino. Grattugia ora un po' della loro scorza e tienila da parte. Asciuga eventuali liquidi rimasti sulla trota con della carta assorbente da cucina e taglia tutti i filetti in due strisce sulla lunghezza. Avvolgi ognuna di queste strisce strette e lunghe così ottenute su sé stesse con la pelle rivolta all'interno.

> Inserisci ogni rosa di pesce nei diversi vasetti e condisci con parte dell'aneto, poi un filo d'olio, un pizzico di sale e pepe, la scorza di arancia ed a chiudere una parte del succo d'arancia.

> Pulisci i bordi dei vasetti per bene, e aggancia. Metti a cuocere nel microonde per 5 minuti a 750 W prima di lasciare riposare almeno 15 minuti. Sposta in frigorifero a termine o apri e servi.

SUGGERIMENTI

- Utilizza la medesima preparazione anche per le sogliole, il merluzzo marinato oppure i filetti di branzino

Tortino di alici con patate

INGREDIENTI

600 g di alici
600 g di patate
16 pomodorini pachino
2 spicchi d'aglio
q.b. di origano, olio e sale

 15 minuti

 5 minuti

 7 giorni

 4 da 500 ml

 4 persone

 3 / 5

PROCEDIMENTO

- Comincia con le patate: sbucciale tutte poi lavale e tagliale con una mandolina in dischi sottili. Versa ora il risultato in una teglia adatta al microonde, condendo con due cucchiai di olio extravergine d'oliva, qualche pizzico di sale e mescola delicatamente, disponendo in maniera ordinata sulla teglia.
  Cuoci ora a microonde a potenza media con la funziona grill accesa per 10 minuti.
- In attesa del termine della cottura delle patate, eviscera le alici rimuovendo la testa e la lisca dal dorso. Lava ora i pomodorini, tagliali in fettine e spostali in una terrina insieme all'aglio già pelato e tritato in precedenza, qualche pizzico di sale e di origano, e un filo d'olio extravergine d'oliva.
- Procedi ora a ungere i vasetti con poco olio e distribuendo sul fondo in ordine: dei dischi di patate, delle alici, 4 pomodorini già tagliati e conditi. Alterna questi ingredienti a formare tre strati.
- Pulisci i bordi di ogni vasetto per poi chiudere con i ganci laterali, assicurandosi che la guarnizione aderisca ancora bene dagli usi precedenti. Cuoci nel microonde per 5 minuti a 750 W. A termine cottura, fai riposare per 20 minuti e poi tira la guarnizione e servi oppure conserva per il tempo indicato.

SUGGERIMENTI

- In sostituzione ai pomodorini dal gusto più succoso, puoi usare anche della polpa di pomodoro che hai in casa.
- Se preferisci un taglio di patata più rustica e grande, puoi saltare la precottura delle patate e cuocere 2 minuti in più tutto a 700 W

Pollo alle mandorle

INGREDIENTI

480 g di petto di pollo intero
1 cipolla
10 g di zenzero fresco
30 g di farina
30 ml di salsa di soia
30 ml di vino bianco
12 mandorle spellate
q.b. di olio extravergine d'oliva

 10 minuti

 10 minuti

 7 giorni

 1 da 1 litro

 2 persone

 3 / 5

PROCEDIMENTO

- Prendi la cipolla e pelala per poi tagliarla in fette sottili. Trasferiscila in una ciotola di vetro e condisci con lo zenzero grattugiato e con olio. Mescola bene e fai rosolare a microonde per 3 minuti a 750 W. Fai anche tostare le mandorle in un padellino.
- Ora procedi con il pollo: taglialo a cubetti regolari e infarinane metà. Mettilo poi insieme alla cipolla rosolata e aggiungi la salsa di soia, il vino e due cucchiai di acqua. Mescola di nuovo e fai rosolare per 3 minuti nel microonde.
- Aggiungi le mandorle al pollo e rimescola. Sei ora pronto a dividere il pollo nei due vasetti. Pulisci i bordi, chiudi i ganci e fai cuocere per 4 minuti a 750 W. Quando termina, fai riposare per altri 20 minuti, prima di spostare sul piatto o in frigorifero per la conservazione.

SUGGERIMENTI

- Un'ottima idea è quella di accompagnare questo piatto di pollo con del riso Basmati cotto al vapore, così da avere un piatto completo insieme magari a dei piselli e dei peperoni.

Zuppa di pesce

INGREDIENTI

250 g di calamari
250 g di seppie
250 g di pagello
150 g di vongole
150 g di cozze
6 gamberi
2 spicchi d'aglio
30 ml di cognac
100 g di pomodoro cuoce di bue
2 rami di prezzemolo
1 busta di zafferano
q.b. di peperoncino, olio extravergine, sale, pepe nero, erba cipollina

 20 minuti

 22 minuti

 3 giorni

 2 da 1 litro

 2 persone

PROCEDIMENTO

- Innanzitutto prendi tutto il pesce e mettilo comodo di fronte a te. Pulisci la seppia ed il calamaro riducendoli in pezzetti, mentre lasci i tentacoli per intero. Pela e trita due spicchi d'aglio dividendoli già all'interno dei due vasetti. Condisci poi ognuno con un filo d'olio e aromatizza con un leggero tocco dii peperoncino. Porta poi a rosolare nel microonde i vasetti aperti per 3 minuti a potenza di 650 W.

- Dopo questo primo passaggio a microonde, devi ora riportare in modo equo sia la seppia sia i calamari tagliati all'interno dei due vasetti, bagnando con del cognac. Riporta nel microonde per il secondo passaggio con durata 2 minuti.
  Lava e taglia il pomodoro in cubetti; lava e trita il prezzemolo.
  Disponi ora in ogni vasetto, ancora aperto, il pagello, il pomodoro, il prezzemolo e lo zafferano suddividendolo equamente. Guarnisci con sale e pepe a piacere.

- Chiudi ora i vasetti dopo aver pulito i bordi come di abitudine. Sigilla bene la guarnizione e sposta nel microonde per la cottura vera e propria a 700 W per 12 minuti. Nell'attesa, prendi una padella ed un coperchio, mettila nel fuoco con le cozze e le vongole il tempo necessario a farle aprire.

- Al termine della cottura principale effettuata, fai riposare per 10 minuti. Tira delicatamente la guarnizione lo spazio sufficiente a permettere di sfiatare.
  Ora apri i vasetti del tutto e inserisci in parti uguali i gamberi, le cozze e le vongole senza guscio. Richiudi i vasetti e agitali per qualche istante senza ribaltarli, poni poi nuovamente nel microonde per

5 minuti a 750 W. Al momento del servizio decora con la giusta dose di erba cipollina tritata.

SUGGERIMENTI

- Utilizza dei vasetti capienti che abbiano una guarnizione non troppo spessa, così da facilitare le operazioni di sfiatamento nel postcottura.
- È anche possibile rosolare l'aglio ed il pesce direttamente in una padella con del cognac, riservando solo la cottura terminale nel microonde.

VERDURE

Le verdure non necessitano di una particolare attenzione, eccezion fatta per quelle a foglia verde come gli spinaci. Questi perdono volume durante la cottura per tanto bisogna riempire tutto il vasetto prima della cottura, invece che dei classici 3/4

Peperoni ripieni

INGREDIENTI

250 g di peperoni rossi
80 g di pangrattato
4 foglie di basilico
8 olive nere denocciolate
10 g di capperi sotto sale
½ spicchio d'aglio
40 g di scamorza
q.b. di sale, origano ed olio extravergine d'oliva

PROCEDIMENTO

➢ Come prima cosa prendi lava ed asciuga i peperoni; incidi la calotta tenendola da parte, elimina tutti i semini ed i filamenti. Aggiungici del sale trasferendo i peperoni in una ciotola, poi copri con una pellicola per alimenti e applica dei fori piccoli con uno stuzzicadenti.

➢ Cuoci nel microonde per 5 minuti alla potenza di 750 W, e mentre aspetti, versa il pangrattato in una terrina aromatizzandolo con: l'aglio tritato, i capperi, l'origano, le olive, le foglie di basilico ed un filo d'olio. Mescola bene. Aggiungi il pangrattato e due cucchiai d'acqua, ed ottieni un composto omogeneo. Ancora la scamorza tagliata in dadi e mescola.

➢ Utilizza il pangrattato ottenuto per farcire i peperoni, distribuendolo bene fra tutti. Prepara così i vasetti, spennellandoli con dell'olio. Dopo che avrai inserito i peperoni potrai procedere a pulire i bordi e sigillare.

➢ Cuoci nel microonde alla potenza di 750 W per 5 minuti. Fai riposare a termine cottura per 20 minuti poi sposta in conservazione o servi immediatamente.

 10 minuti

 10 minuti

 15 giorni

 2 da 500 ml

 2 persone

 3 / 5

SUGGERIMENTI

- Non prendere dei peperoni troppo grandi per questa ricetta perché nonostante la cottura iniziale permette che riducano il loro volume, potrebbe non bastare per collocarli all'interno dei due vasetti.

- Sbizzarrisciti con i gusti ed i sapori: cambia la farcitura dei peperoni con quello che vuoi come ad esempio un impasto di polpette.

Tortino ai finocchi

INGREDIENTI

400 g di finocchi
80 g di speck
60 g di provola
40 g di pangrattato
q.b. di olio extravergine d'oliva, sale e pepe

 6 minuti

 6 minuti

 15 giorni

 2 da 500 ml

 2 persone

 2 / 5

PROCEDIMENTO

- Per prima cosa pulisci i finocchi rimuovendo le foglie troppo dure e fibrose, affettali in due poi lavali e ricavane dei tocchetti sottili. Trita la provola ed ottieni delle listarelle con le fettine di speck.
- Spennella i due vasetti con olio extravergine d'oliva e distribuisci il pangrattato, facendo poi uno strato di finocchi, speck e provola. Continua così e crea per ogni vasetto circa 4 strati, ricoprendo ancora con il pangrattato, pepe ed olio.
- Pulisci il bordo del vasetto, chiudi e aggancia. Cuoci per 6 minuti a 750 W poi fai riposare per 20 minuti. Se vorrai conservare in frigorifero non superare il tempo di conservazione consigliato.

SUGGERIMENTI

- Considera sempre bene la quantità di sale che aggiungi: è meglio aggiungerne meno nel complesso ma distribuirlo al meglio possibile tra i diversi strati.
- La cottura dei finocchi ne ridurrà il volume durante la cottura per cui superare il volume consigliato all'interno del vasetto non è un problema.

Fagottini di verza

INGREDIENTI

300 g di manzo macinata
4 foglie di verza
1 spicchio d'aglio
1 uovo
80 g di fontina
300 ml di polpa di pomodoro
¼ cipolla
60 g di pangrattato
q.b. di olio extravergine d'oliva, sale e pepe

 12 minuti

 7 minuti

 15 giorni

 2 da 500 ml

 2 persone

 3 / 5

PROCEDIMENTO

> Inizia preparando il ripieno dei fagottini: sistema la carne in una terrina e aggiungi l'uovo, l'aglio tritato, un pizzico di sale e pepe e del pangrattato. Mescola e amalgama bene gli ingredienti. Trita ora la fontina con l'ausilio di una grattugia a fori grandi e ponila insieme alla carne tritata.

> Lava le foglie di verza e con l'aiuto di un coltellino, fai un taglio nella parte più fibrosa della costa. Fai sbollentare la verza per 2 minuti in acqua poi scola e trasferisci su un tagliere. Taglia ora le foglie in due parti in senso longitudinale così da ottenere un totale di 8 strisce. Farcisci ognuna di esse con un cucchiaio del ripieno fatto e avvolgila poi su stessa così da formare un fagottino.

> Trita la cipolla e spostala in una ciotola piccolina condendo con olio e facendola rosolare nel microonde per 1 minuto a 750 W. A termine, suddividi nei due vasetti e aggiungici: metà della polpa di pomodoro, del sale, del pepe, e 4 fagottini di verza.

> Pulisci i bordi di entrambi i vasetti e sigilla. Cuoci a microonde per 6 minuti a 750 W. Fai riposare con i vasetti sempre chiusi per altri 20 minuti. Conserva in frigorifero oppure apri e servi come da istruzioni consuete.

SUGGERIMENTI

- Se preferisci il gusto in bianco dei fagottini, sostituisci semplicemente la polpa di pomodoro con un letto di porri rosolato nel burro e sfuma con del vino bianco.
- Per un gusto più forte, cambia parte della carne di manzo con la pari quantità di salsiccia macinata.

Spezzatino di verdure

INGREDIENTI

200 g di topinambur
250 g di carciofi
180 g di carote
2 pomodorini
2 rami di timo
½ porro
1 cucchiaino di dado vegetale
q.b. di olio extravergine d'oliva, vino bianco e sale

PROCEDIMENTO

- Prendi il porro e dopo averlo pelato e affettato, lavalo all'interno di uno scolapasta. Trasferiscilo ora in una ciotola di vetro e condisci con un cucchiaio d'olio per far rosolare nel microonde per 2 minuti a 750 W.
- Ora pela le carote, i topinambur e tagliali a fette di dimensione medio piccola. Pulisci i carciofi e ricavane degli spicchi. Metti nella ciotola del porro queste verdure, il timo, il dado vegetale, i pomodorini lavati e sfuma con del vino bianco. Mescola bene il tutto aggiungendo man mano fino a 150 ml di acqua.
- Pulisci il bordo del vasetto e sigilla. Fai cuocere per 12 minuti a 750 W poi fai riposare per 20 minuti lo spezzatino. Scegli se conservare o servire come da indicazioni usuali.

SUGGERIMENTI

- Puoi sostituire il topinambur con una pari quantità di patate considerando che la conservazione si abbasserà di qualche giorno.

 8 minuti

 12 minuti

 15 giorni

 1 da 1 litro

 2 persone

 3 / 5

Zucchine con ripieno

INGREDIENTI

500 g di zucchine
50 g di pangrattato
4 foglie di basilico
30 g di scamorza
60 g di prosciutto cotto
20 g di Grana Padano grattugiato
½ spicchio d'aglio
q.b. di olio extravergine d'oliva e sale

 12 minuti

 17 minuti

 10 giorni

 2 da 500 ml

 3 persone

 3 / 5

PROCEDIMENTO

> Lava le zucchine e tagliale in due parti poi spostale in un contenitore capiente ed adatto alla cottura nel microonde, dove dovrai cuocere al vapore per 7 minuti a potenza media. Chiudi il contenitore al termine così che la cottura rimanga in atto e cuoci per 5 minuti.

> Unisci nel mixer il pangrattato, l'aglio, le foglie di basilico, il Grana grattugiato e un giro di sale. Frulla il tutto a potenza media. Sposta il pangrattato aromatizzato in una terrina con un cucchiaio d'acqua e un filo d'olio, mescolando bene. Se necessario affetta il prosciutto per ricavare fette più sottili e la scamorza, unendoli e mescolando al pangrattato.

> Pratica una cavità nelle zucchine e riempine ogni metà con il pangrattato appena ricavato. Ungi i due vasetti con olio extravergine d'oliva e riempi per ¾ di zucchine ripiene con il ripieno verso l'alto.

> Pulisci e chiudi tutto prima di cuocere i vasetti nel microonde per 5 minuti a 850 W. Al termine fai riposare per 20 minuti prima di portare in tavola o spostare in conservazione.

SUGGERIMENTI

- Ci sono poche ricette che si possono portare nel microonde alla massima potenza, cioè tra gli 850 e 900 W, e sono quelle prive di liquido. Questo è necessario in taluni casi per ricreare l'effetto forno all'interno del vasetto.

Parmigiana di melanzane grigliate

INGREDIENTI

1000 g di melanzane
150 g di Parmigiano Reggiano grattugiato
400 ml di polpa di pomodoro
q.b. di basilico, olio extravergine d'oliva e sale

 10 minuti

 5 minuti

 15 giorni

 4 da 500 ml

 4 persone

 3 / 5

PROCEDIMENTO

- Scalda una piastra in anticipo, ti servirà per grigliare le melanzane. Mentre aspetti, lavale e tagliale in fette regolari di dimensione tale da inserirle poi nei vasetti con comodità. Griglia qualche minuto su entrambe le superfici. Fai una terrina con la polpa di pomodoro, due cucchiai di olio, delle foglie di basilico ed un pizzico di sale. Mescola bene tutto e ricordati di muovere le melanzane fuori dalla griglia.
- Ora versa sul fondo di ogni vasetto parte della salsa dove adagiare un totale di 4 strati di melanzane, distribuendo su ciascuno la salsa e una spolverata di formaggio grattugiato. Sull'ultimo strato fai una copertura analoga.
- Pulisci bene ogni vasetto appena fatto e cuoci per 5 minuti alla potenza di 750 W. Lascia riposare per 10 minuti a temperatura ambiente prima di spostare in frigorifero od in alternativa servire subito.

SUGGERIMENTI

- Puoi sostituire o aggiungere tra gli strati di melanzane del formaggio come le sottilette o formaggio a pasta filata di tuo gusto.

Scarola in botte

INGREDIENTI

300 g di scarola
2 acciughe sotto sale
6 olive nere
50 g di caciocavallo
80 g di pangrattato
20 g di parmigiano Reggiano
2 spicchi d'aglio
1 foglia di prezzemolo
q.b. di olio extravergine d'oliva, sale e pepe

 15 minuti

 9 minuti

 10 giorni

 1 da 1 litro

 2 persone

 3 / 5

PROCEDIMENTO

➤ Prendi il cespo di scarola corrispondente a circa 300 g in peso. Se dovesse pesare di più o essere troppo ingombrante, elimina le foglie più esterne. Ora lavala tutta e sgocciola l'acqua in eccesso.

➤ Versa in una ciotola capiente il pangrattato e aromatizzalo con il resto degli ingredienti già lavorati: l'aglio sbucciato e affettato, il prezzemolo tritato, il parmigiano grattugiato e uno spizzico di sale e pepe. Mescola tutto bene e solo dopo aggiungi ancora: le acciughe tagliuzzate, le olive tagliate a filetti ed il caciocavallo. Rimescola e metti da parte.

➤ Pela l'altro spicchio d'aglio e taglialo in pezzi più piccoli. Fallo ora rosolare in un padellino con un filo d'olio, o in un vasetto in microonde con il coperchio aperto. Adagia poi la scarola su un pianale, apri lentamente le foglie e distribuiscici il pangrattato farcito. Richiudi poi le foglie il più possibile e sposta così in un vasetto, con il gambo verso il basso, per procedere alla cottura.

➤ Pulisci i bordi, chiudi il tappo con la guarnizione. Fai andare nel microonde per 9 minuti a 750 W. A termine cottura, lascia riposare per 15 minuti, poi apri il coperchio e riscalda a microonde 4 minuti per la consumazione, oppure sposta in frigorifero.

SUGGERIMENTI

• Prepara un pangrattato alternativo utilizzando al posto del parmigiano la ricotta, o un altro formaggio. Condisci poi senza olive ma con una verdura a foglia verde come gli spinaci o la rucola.

Polpette di ricotta e spinaci

INGREDIENTI

300 g di spinaci od erbette
300 g di ricotta vaccina
500 ml di salsa di pomodorini
2 uova
100 g di pangrattato
q.b. di noce moscata e sale

 15 minuti

 13 minuti

 15 giorni

 4 da 500 ml

 4 persone

 3 / 5

PROCEDIMENTO

> Fai appassire gli spinaci nel microonde qualche minuto alla potenza di 750 W, se invece sono surgelati per 12 minuti. Dopodiché scola bene gli spinaci e riducile con un coltello.
> Riempi una ciotola a parte con la ricotta, le uova, il pangrattato, un pizzico di sale e di noce moscata. Mescola prima questi ingredienti e poi aggiungi gli spinaci. Metti nel frigorifero per 30 minuti a riposo.
> Prendi la salsa di pomodorini e guarnisci ogni vasetto. Quando il tempo di riposo sarà passato, potrai formare con il composto ottenuto delle polpette da ripartire nei vari vasetti.
> Dopo aver riempito tutti i vasetti, assicurati di pulire i bordi e chiudere a dovere prima di mettere nel microonde a cuocere per 10 minuti a 750 W. Lascia riposare altrettanti 15 minuti prima di servire subito o riporre in frigorifero per la loro conservazione.

SUGGERIMENTI

- È possibile aggiungere all'impasto formaggio grattugiato di tuo gusto

Fonduta di parmigiano

INGREDIENTI

160 g di Parmigiano Reggiano grattugiato
100 ml di vino bianco
80 ml di latte intero
60 ml di panna
2 cucchiaini di amido di mais
q.b. di pepe nero e pane nero tostato

PROCEDIMENTO

> Scalda i vasetti nel microonde dopo averci distribuito il vino, per 1 minuto a 750 W. Versaci a questo punto un cucchiaino di amido ciascun vasetto e fallo sciogliere all'interno con l'ausilio di una frusta, per ottenere la consistenza di una crema.

> Aggiungi ora il latte, la panna e mescola ancora bene per qualche minuto. Sei pronto a cuocere nel microonde. Pulisci i bordi e aggancia. La cottura deve avvenire per 4 minuti a 400 W. Al termine fai riposare il tempo che non sia troppo calda, a differenza di altri piatti va servita immediatamente per la presenza dei latticini.

SUGGERIMENTI

- Puoi accompagnare con delle patate, delle verdure grigliate e guarnire ulteriormente con delle scaglie di tartufo.

 8 minuti

 5 minuti

 1 giorno

 2 da 500 ml

 2 persone

 2 / 5

Uova con zucchine

INGREDIENTI

600 g di zucchine
1 spicchio d'aglio
4 foglie di basilico
4 uova a temperatura ambiente
q.b. di olio e sale

 2 minuti

 5 minuti

 1 giorno

 2 da 500 ml

 2 persone

 1 / 5

PROCEDIMENTO

➢ Lava e spunta le zucchine, poi tagliale in cubetti all'interno dei due vasetti. Pela lo spicchio d'aglio, pulisci le foglie di basilico, poi distribuisci metà di ciascuno dentro i vasetti insieme a un pizzico di sale ed un filo d'olio.

➢ Pulisci i bordi, chiudi e aggancia, facendo cuocere nel microonde per 5 minuti a 750 W. A termine, lascia riposare i vasetti dopo averli aperti per 15 minuti. Sguscia le uova all'interno di ciascun vasetto, mescola e cuoci ancora per 1 minuto e mezzo alla stessa potenza. Anche per questa ricetta non è possibile conservare per un secondo momento.

SUGGERIMENTI

- Con questo tipo di preparazione le uova assomiglieranno alla cottura in camici, con l'albume ben cotto e il tuorlo più morbido. Se preferisci avere un tuorlo più sodo ti basterà cuocere per circa 1 minuto in più.
- Puoi preparare questa ricetta quando intendi servire altri piatti a base di verdure, per esempio, già pronti e conservati in frigorifero. Ad esempio un letto di piselli ed asparagi a cui aggiungere le uova.

Ricotta alla mediterranea

INGREDIENTI

250 g di ricotta vaccina
6 olive taggiasche
50 g di sedano
2 foglie di basilico
6 pomodorini
q.b. di origano, zucchero, olio extravergine d'oliva, sale

PROCEDIMENTO

> Prendi i pomodorini e lavali sotto l'acqua corrente. Dopo averli asciugati con carta assorbente da cucina, tagliali a metà e poggiali su di una teglia adatta alla cottura a microonde, con la polpa rivolta verso l'alto. Condisci con un pizzico di sale, zucchero, origano ed un filo d'olio. Cuoci ora a microonde con la funzione grill attiva, alla potenza media per 8 minuti. Mentre aspetti che la cottura termini, procedi a pelare il sedano e ridurlo in fettine.

> Quando la cottura dei pomodorini sarà terminata, spostali dalla teglia distribuendoli subito all'interno del vasetto insieme a: le olive, il basilico, il sedano ed olio extravergine d'oliva. Spargi infine la ricotta.

> Pulisci ora i bordi del vasetto e sigilla bene prima di cuocere. Metti nel microonde per 5 minuti a 500 W. Fai riposare a termine 10 minuti con il vasetto ancora chiuso, prima di servire la ricotta più fredda o spostarla in frigorifero per un consumo entro i due giorni successivi.

 5 minuti

 13 minuti

 2 giorni

 1 da 500 ml

 2 persone

 2 / 5

SUGGERIMENTI

- Utilizza se preferisci al posto dei pomodorini, una salsa di pomodorini già fatta in precedenza.

Parmigiana di zucchine

INGREDIENTI

450 g di zucchine
100 g di prosciutto cotte in fettine
60 g di scamorza
40 g di pangrattato
q.b. di olio, sale ed erbe aromatiche

 6 minuti

 6 minuti

 15 giorni

 2 da 500 ml

 2 persone

 2 / 5

PROCEDIMENTO

> Prendi le zucchine e spuntale, quindi tagliale a fette con la mandolina. Spostale ora in una ciotola con un pizzico di sale e mescola bene. Ora fai una grattugia a fori larghi con la scamorza, e se necessario riduci ancora in listarelle il prosciutto cotto.

> Cospargi il fondo dei due vasetti con poco olio poi aggiungi in ordine: uno strato di zucchine, qualche fetta di prosciutto, della scamorza tritata e una spolverata di pangrattato. Prosegui così e crea 4 strati di zucchine, ultimando con ancora del pangrattato e dell'olio.

> Pulisci i bordi dei due vasetti, chiudi e aggancia. Fai cuocere per 6 minuti a microonde alla potenza di 750 W. Quando la cottura termina fai riposare per 20 minuti poi metti a conservare in frigorifero o servi

SUGGERIMENTI

- Se vuoi dare un tocco colorato e dal sapore alternativo, aggiungi tra ogni strato un cucchiaino di polpa di pomodoro

Feta alla greca

INGREDIENTI

200 g di pane di segale
200 g di feta
8 pomodorini
1 spicchio d'aglio
q.b. di erbe aromatiche varie ed olio extravergine d'oliva

 10 minuti

 10 minuti

 7 giorni

 2 da 500 ml

 2 persone

 2 / 5

PROCEDIMENTO

➤ Prendi l'aglio, pelalo e tritalo distribuendolo poi con dell'olio all'interno dei due vasetti. Fai cuocere nel microonde, con i vasetti ancora aperti, per 2 minuti alla potenza di 750 W.

➤ In attesa, taglia in dadi il pane e tostalo su una griglia. Lava i pomodorini, tagliali in due e trita le erbe aromatiche a tua disposizione se sono fresche ed in foglie intere, altrimenti prendi il barattolo di quelle già pronte.

➤ Distribuisci i restanti ingredienti insieme all'aglio già rosolato come segue: il pane, i pomodorini, le erbe aromatiche e la feta. Pulisci poi i bordi dei vasetti, chiudi come sempre e metti nel microonde. Cuoci per 8 minuti a 750 W di potenza. Fai riposare per 10 minuti prima di spostare in frigorifero o di servire

SUGGERIMENTI

- Per un gusto più deciso puoi aggiungere qualche fettina di sedano e di cipolla rossa.

CONTORNI

Cottura in vasetto di media difficoltà. Le patate così come le carote o le zucchine, devono essere tagliate in pezzi non troppo piccoli, altrimenti si corre il rischio che la quantità di acqua rilasciata non sia sufficiente e quindi risultino dure

Carote alla parmigiana

INGREDIENTI

300 g di carote
10 g di Parmigiano Reggiano
q.b. di olio e sale

 3 minuti

 6 minuti

 15 giorni

 1 da 500 ml

 2 persone

 1 / 5

PROCEDIMENTO

➢ Pela le carote con l'ausilio di pelapatate, poi tagliale nel senso della lunghezza in due parti per ridurre in bastoncini. Sistemale all'interno del vasetto insieme a del sale ed un cucchiaio di olio extravergine d'oliva.

➢ Pulisci il bordo del vasetto, chiudi bene la guarnizione e aggancia. Cuoci alla temperatura di 750 W per 6 minuti. Quando la cottura sarà finita fai riposare ancora altri 20 minuti prima di spostare in frigorifero o consumare immediatamente. In questo ultimo caso, apri il vasetto e spargici all'interno il formaggio grattugiato prima di servire.

SUGGERIMENTI

- Puoi usare anche delle carote novelle tagliate a dischi piccoli e per un sapore in più un pizzico di aceto.

Patate semplici

INGREDIENTI

1200 g di patate novelle
1 ramo di rosmarino
2 spicchi d'aglio
q.b. di pepe, sale ed olio extravergine d'oliva

 2 minuti

 12 minuti

 7 giorni

 2 da 1 litro

 4 persone

 1 / 5

PROCEDIMENTO

> Lava bene tutte le patate eliminando eventuali impurità. Questo passaggio è importante perché le cuoceremo senza pelarle. Battille con l'aiuto di un batticarne senza romperle, ma quanto basta affinché si crepino all'interno. Dividile poi all'interno dei vasetti, insieme ad uno spicchio d'aglio pelato e tagliato in pezzi più piccoli, dei rami di rosmarino, un pizzico di sale ed un filo d'olio.

> Pulisci i bordi e chiudi con i ganci laterali. Cuoci per 12 minuti alla tua massima potenza possibile, almeno 900 W. Fai riposare per 20 minuti prima di spostare in frigorifero per un consumo e uso successivo, oppure servire.

SUGGERIMENTI

- Se vuoi ottenere un gusto più delicato puoi lasciare l'aglio intero in camicia.

Fave fresche

INGREDIENTI

500 g di fave pulite
30 g di pancetta affumicata
½ cipollotto fresco
30 ml di olio extravergine d'oliva
q.b. di sale e pepe

 7 minuti

 8 minuti

 15 giorni

 2 da 500 ml

 2 persone

 2 / 5

PROCEDIMENTO

> Per prima cosa pela il mezzo cipollotto, spostalo poi in una ciotolina di vetro tagliato e condito con un filo d'olio e la pancetta. Rosola nel microonde per 2 minuti a 700 W. Nel frattempo distribuisci le fave già pulite nei due vasetti, salandole e pepandole secondo il tuo gusto. Al termine della cottura precedente, versaci sopra il condimento di pancetta e cipolla

> Chiudi ora bene i vasetti agganciando e pulendo i bordi se necessario, poi fai cuocere nel microonde per 6 minuti a 700 W. Fai ora riposare per 15 minuti, tempo indispensabile alla formazione del sottovuoto ed ultimazione della cottura. Sposta quindi in frigorifero per la loro conservazione; in fase di consumo sarà sufficiente come sempre sganciare lateralmente il coperchio e riscaldare per qualche minuto in microonde.

SUGGERIMENTI

- Anche in questo caso per avere un gusto più presente del cipollotto, lascialo intero in camicia.

Cipolline in agrodolce

INGREDIENTI

250 g di cipolline
1 foglia di alloro
1 cucchiaio di aceto di vino bianco
q.b. di zucchero di canna, olio extravergine d'oliva, pepe e sale

PROCEDIMENTO

> Sbuccia le cipolle e lavale bene sotto l'acqua. Poi scolale e spostale già all'interno del vasetto, condendo semplicemente con il resto degli ingredienti. Pulisci il bordo e aggancia, poi scuoti il vasetto per distribuire in maniera più uniforme il condimento.
> Cuoci alla potenza di 750 W per 6 minuti. Fai riposare per 20 minuti a temperatura ambiente. Al termine potrai conservare in frigorifero per una durata massima di due settimane o consumare immediatamente.

SUGGERIMENTI

- Questo contorno si abbina bene a piatti ricchi di carne e formaggi, e puoi usare la stessa preparazione anche per preparare delle cipolle rosse carammelate.

 3 minuti

 6 minuti

 15 giorni

 1 da 500 ml

 2 persone

 1 / 5

Cavolini di Bruxelles

INGREDIENTI

600 g di cavolini di Bruxelles
80 g di pancetta affumicata
80 ml di vino bianco
80 ml di olio extravergine d'oliva
q.b. di sale e pepe

 12 minuti

 8 minuti

 15 giorni

 2 da 500 ml

 4 persone

 3 / 5

PROCEDIMENTO

- Lava bene i cavolini di Bruxelles soto l'acqua, grattando se necessario con uno spazzolino da cucina apposito, poi rimuovi la parte del gambo più dura. Tampona quindi con un canovaccio ed asciugali. Spostali da parte.
- Ora prendi una ciotola e metti la pancetta insieme ad un goccio d'olio, per poi far rosolare in microonde alla potenza di 900 W per soli 2 minuti.
- Trasferisci tutto insieme bagnando con il vino e dando una passata di sale e pepe. Mescola un po' e travasa il tutto suddividendolo nei diversi vasetti, poi pulisci i bordi e sigilla i coperchi.
- Cuoci ora alla potenza di 800 W per 6 minuti. Al termine fai riposare fino a raggiungimento della temperatura ambiente prima di spostare in frigorifero e consumare in un secondo momento. Riscalda quando vuoi mangiarli, aprendo i coperchi e riscaldano qualche minuto in microonde.

SUGGERIMENTI:

- Utilizza al posto della pancetta un altro salume se preferisci

Patate alla valdostana

INGREDIENTI

450 g di patate
100 ml di latte e di panna fresca
60 g di fontina
40 g di Grana Padano grattugiato
20 g di burro
2 rami di timo
q.b. di sale e pepe

 8 minuti

 12 minuti

 7 giorni

 2 da 500 ml

 2 persone

 2 / 5

PROCEDIMENTO

➤ Sbuccia tutte le patate, lavale e tagliale in dischi circolari sottili. Portale ora in un contenitore di vetro per la cottura iniziale a microonde con del sale a 650 W per 7 minuti.

➤ Prendi la terrina e inserisci: il latte, la panna, il Grana grattugiato, la fontina grattugiata, le foglie di timo e quanto desideri di pepe. Mescola bene tutto. Prendi ora il burro e sciogli lo in un pentolino, senza farlo bruciare, ed utilizzalo per spennellare i vasetti in cui versare la crema di formaggi appena ottenuta.

➤ Tira fuori le patate dal microonde e forma 3 strati per ciascun vasetto, amalgamandole bene alla crema di formaggi. Pulisci i bordi e aggancia. Infine cuoci nel microonde per 5 minuti alla potenza alta di 750 W facendo solo più riposare a termine come di consuetudine per 20 minuti circa. Sposta in frigorifero o servi.

SUGGERIMENTI

• I tempi di cottura delle patate sono da regolare secondo il proprio strumento ed esperienza, in linea di principio, per regolarsi al meglio è buona norma controllare lo stato di ebollizione e da quel momento calcolare solo più 2 minuti.

Broccoli con uva e pinoli

INGREDIENTI

500 g di cime di cavolfiori diversi
1 spicchio d'aglio
20 g di uva passa
20 gg di pinoli
20 ml di vino rosso
1 peperoncino
q.b. di olio extravergine d'oliva e sale

 7 minuti

 12 minuti

 15 giorni

 1 da 1 litro

 2 persone

 2 / 5

PROCEDIMENTO

> Pulisci i cavolfiori eliminando la parte fibrosa dei gambi. Lavali bene sotto l'acqua corrente e scolali. Metti in ammollo in acqua fresca l'uva passa. Pela lo spicchio d'aglio e taglialo in tocchetti. Taglia anche il peperoncino in fettine più piccole.
> Ora inserisci all'interno del vasetto tutti gli ingredienti: le cime dei cavolfiori, i pinoli, l'uva strizzata, l'aglio, il peperoncino, un filo di vino rosso e di olio ed un pizzico di sale.
> Pulisci i bordi del vasetto e chiudi bene la guarnizione sigillandi i ganci. Cuoci nel microonde per 12 minuti a 750 W. Lascia riposare per 20 minuti così da permettere un'ottima postcottura e la formazione del sottovuoto, che ti garantirà fino a 15 giorni di conservazione in frigorifero.

SUGGERIMENTI

- Con la medesima ricetta puoi preparare altre varietà di cavolfiori, l'unica accortezza è di prendere sempre un vasetto capiente almeno quanto il volume dei cavolfiori che utilizzi. L'aria tra le varie cime garantirà comunque la cottura e la formazione del sottovuoto necessario dopo.

Tortino di zucchine e patate

INGREDIENTI

100 g di patate
180 g di zucchine
30 g di prosciutto cotto
30 g di provola
10 g di pangrattato
25 ml di olio extravergine d'oliva
2 foglie di basilico
q.b. di sale

 6 minuti

 6 minuti

 7 giorni

 1 da 500 ml

 1 persona

 2 / 5

PROCEDIMENTO

> Pela i 100 g di patate corrispondenti a circa 1 o 2 patate, poi lavale sotto l'acqua prima di tagliarle in dischetti. Ora prendi il corrispondente di zucchine e fai lo stesso, poi taglia in dischetti

> Prepara il vasetto: mettici dentro parte del pangrattato, delle patate, delle zucchine, del basilico tagliato finemente e sala a tuo gusto. Ora aggiungi parte del prosciutto e qualche fettina di provola come copertura, poi continua fino a formare almeno due strati. Termina con un ultimo strato di zucchine e patate e un cucchiaino di pangrattato. Chiudi con un filo d'olio prima di pulire i bordi ed agganciare.

> Fai cuocere per 6 minuti alla potenza di 750 W. Ora lascia il vasetto a riposare per 20 minuti prima di spostarlo in frigorifero per la conservazione. A tua discrezione, entro una settimana, tira fuori e sgancia le guarnizioni per poi riscaldare prima dell'impiattamento.

SUGGERIMENTI

- Cambia la proporzione delle zucchine e patate se gradisci maggiormente un gusto incentrato sulle patate piuttosto che sulle zucchine.

Zucchine alle erbe

INGREDIENTI

380 g di zucchine verdi
1 spicchio d'aglio
3 foglie di basilico
1 ramo di basilico
1 stelo di erba cipollina
q.b. di sale ed olio extravergine d'oliva

PROCEDIMENTO

➤ Metti a lavare le zucchine e spuntale a dovere. Tagliale poi in pezzi di dimensione e forma di tuo gusto e spostale nel vasetto. Inserisci le erbe aromatiche fresche non prima di averle lavate e tritate. Sbuccia lo spicchio di aglio. A questo punto puoi aggiungere nel vasetto anche il resto come spicchio d'aglio, condendo con sale e olio extravergine d'oliva.

➤ Pulisci il bordo del vasetto e chiudi bene. Fai cuocere per 6 minuti a 750 W, poi lascia riposare per 20 minuti sempre a vasetto chiuso

SUGGERIMENTI

- Questo contorno lo puoi usare per guarnire al meglio i tuoi secondi piatti, oppure trasformarlo in un secondo leggero e più corposo: sguscia due uova sopra le zucchine, aggiungendoci un pizzico di sale e cuoci a vasetto chiuso per altri 2 minuti. Accompagna del pane tostato di tuo gusto.

 7 minuti

 6 minuti

 15 giorni

 1 da 500 ml

 2-3 persone

 1 / 5

Carciofi trifolati

INGREDIENTI

350 g di carciofi
1 scalogno
1 ramo di prezzemolo
q.b. di vino bianco, olio extravergine d'oliva, sale e pepe

PROCEDIMENTO

- Inizia con pulire i carciofi eliminando le foglie esterne, tagliali in due ed elimina la barba interna, ottenendo degli spicchi da riporre nel vasetto. Pela anche i gambi e tagliali in pezzi, spostandoli poi nel vasetto insieme allo scalogno, il ramo di prezzemolo, un tocco di vino e di pepe, un pizzico di sale ed un cucchiaio di olio extravergine d'oliva.
- Fai cuocere per 6 minuti alla potenza di 750 W, avendo premura di aver pulito i bordi e sigillato bene la guarnizione. A termine cottura prosegui a temperatura ambiente facendo riposare per 20 minuti prima di muovere in frigorifero o servire come da istruzioni consuete.

SUGGERIMENTI

- Puoi cucinare anche dei carciofi ripieni alle medesime condizioni di cottura

 6 minuti

 6 minuti

 15 giorni

 1 da 500 ml

 2 persone

 1 / 5

Melanzane alla Salernitana

INGREDIENTI

600 g di melanzane
2 peperoncini
2 spicchi d'aglio
q.b. di origano, olio extravergine d'oliva e sale

 12 minuti

 6 minuti

 15 giorni

 2 da 500 ml

 4 persone

 2 / 5

PROCEDIMENTO

➢ Lava subito le melanzane e spuntale, applicando poi un taglio nel senso longitudinale. Cerca di non incidere la buccia. Ora spargi del sale sulla superficie e lasciale riposare per 30 minuti. Mentre aspetti pela e taglia a fettine gli spicchi d'aglio, poi taglia anche i peperoncini e trasferisci tutto su di un piatto. Mescola con l'aiuto di una forchetta aggiungendo l'olio e l'origano.

➢ Quando le melanzane avranno terminato di riposare, prendile tra le mani in modo da eliminare l'acqua di vegetazione in eccesso. Pressale ancora con la polpa rivolta verso il basso, cercando di permettere che il condimento si infili attraverso. Terminata con calma questa operazione nel tentativo di evitare meno spreco possibile, puoi ora spostare nei vasetti, pulire e chiudere.

➢ Cuoci alla potenza di 750 W per 6 minuti per poi far riposare per 20 minuti prima di conservare in frigorifero, o servire quando sono ormai a temperatura ambiente.

SUGGERIMENTI

- Sbizzarrisciti a trovare il condimento interno che più si abbina al gusto delle melanzane e secondo il tuo gusto.

INGREDIENTI

200 g di peperoni
1 ramo di timo
1 spicchio d'aglio
q.b. di olio extravergine d'oliva e sale

PROCEDIMENTO

> Lava i peperoni come prima di ogni cosa. Dopo averli asciugati con l'aiuto di carta assorbente da cucina, tagliali in due eliminando i filamenti, i semini ed il picciolo. Taglia ora in tocchetti da inserire subito nel vasetto. Condisci con aglio già pelato e tagliato, timo, sale ed olio.

> Pulisci i bordi, aggancia bene e prepara il microonde. Cuoci per 6 minuti alla temperatura di 750 W. Fai poi riposare per altri 20 minuti prima di spostare in frigorifero per un eventuale conservazione ed uso futuro, oppure servi immediatamente, freddi o riscaldati nuovamente a tappo aperto.

SUGGERIMENTI

- Se preferisci una versione in agrodolce semplicemente aggiungi al condimento un cucchiaio di aceto e uno di zucchero. Controlla in questo caso meglio i tempi di cottura, regolandoti con gli ultimi 2 minuti dal momento del bollore.

 5 minuti

 6 minuti

 15 giorni

 1 da 500 ml

 2 persone

 1 / 5

Prosciutto cotto con piselli

INGREDIENTI

400 g di piselli
100 g di prosciutto cotto
1 cipollotto
2 rami di prezzemolo
q.b. di pepe, sale ed olio extravergine d'oliva

 6 minuti

 6 minuti

 15 giorni

 2 da 500 ml

 4 persone

 2 / 5

PROCEDIMENTO

> Nel caso tu abbia dei piselli surgelati, è necessario prima di ogni cosa mettere a scongelare. Pela ora il cipollotto e spostalo in una terrina man mano che lo affetti. Taglio ora in dadini il prosciutto poi riponi i suoi dadi nella terrina insieme ancora ai piselli, il prezzemolo tritato, un pizzico di sale e di pepe ed un cucchiaio d'olio. Mescola bene il tutto.

> Pulisci i bordi del vasetto, chiudi e aggancia. Fai cuocere nel microonde per 6 minuti a 750 W. Fai riposare per 20 minuti a temperatura ambiente, poi sposta nel piatto per consumare subito o in frigorifero.

SUGGERIMENTI

- Per accelerare la procedura di scongelamento, puoi mettere i piselli ancora surgelati nel microonde in un'apposita teglia, con la funzione defrost per 3 minuti.

Radicchio in aceto e olio

INGREDIENTI

300 g di radicchio
40 ml di aceto balsamico
q.b. di olio extravergine d'olio e sale

 2 minuti

 12 minuti

 15 giorni

 1 da 1 litro

 3 persone

 1 / 5

PROCEDIMENTO

➢ Lava bene il cespo di radicchio, poi scolalo e taglialo in due per renderlo piccolo abbastanza da inserirlo nel vasetto. Condisci con sale ed olio poi metti a cuocere a vasetto chiuso per 12 minuti a 750 W. Fai riposare al termine per 20 minuti.

➢ Conserva il radicchio per un tempo massimo di due settimane, quando lo devi servire condisci con l'aceto balsamico

SUGGERIMENTI

- Puoi aggiungere in cottura un cucchiaio di Porto, un paio di fichi essiccati tagliati a metà e arricchire ancora sul piatto da portata con granella di noci.

"Un dolce ipocalorico è come un antibiotico che non cura" – Iginio Massari

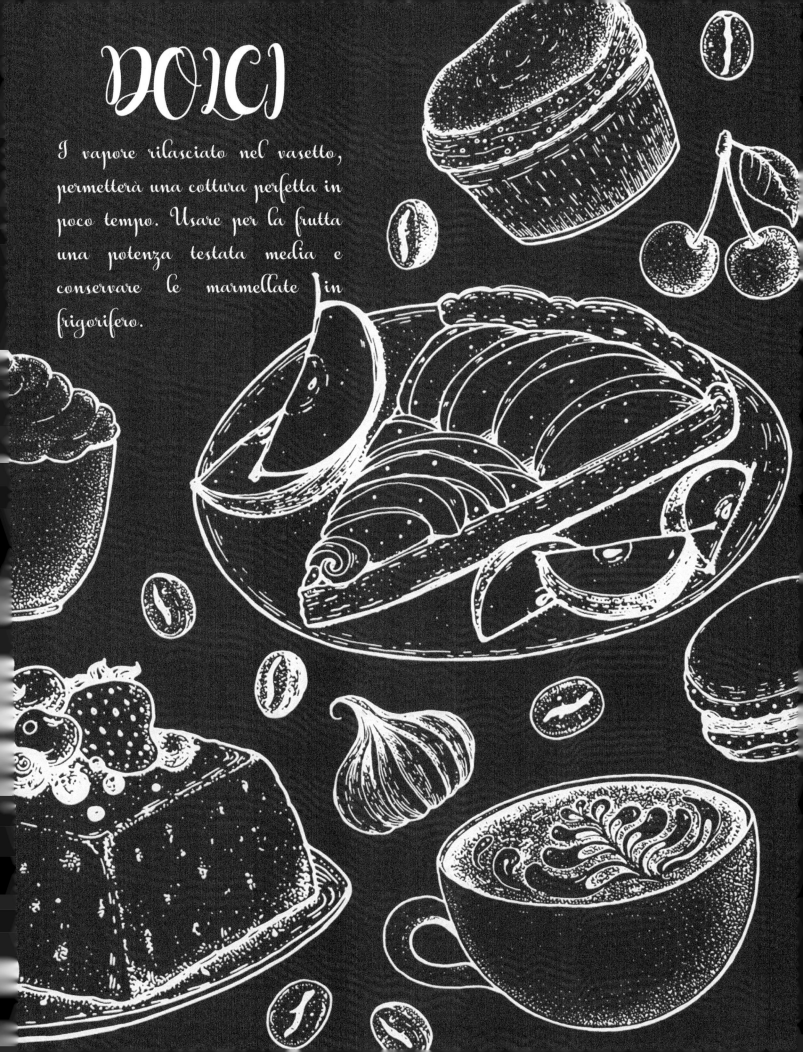

DOLCI

Il vapore rilasciato nel vasetto, permetterà una cottura perfetta in poco tempo. Usare per la frutta una potenza testata media e conservare le marmellate in frigorifero.

Budino al cioccolato bianco

INGREDIENTI

120 g di cioccolato bianco
400 ml di latte condensato non zuccherato
50 g di mirtilli o lamponi
2 uova

 10 minuti

 6 minuti

 7 giorni

 3 da 370 ml

 3 persone

 3 / 5

PROCEDIMENTO

> Prendi il cioccolato bianco e spezzettalo in una ciotolina di vetro, da portare in microonde per fondere 3 minuti a circa 350 W. Versa il latte condensato in una ciotola a parte e scalda anch'esso qualche minuto.
> Sguscia le uova in una ciotola pulita, aggiungi il cioccolato bianco fuso e poi versa il latte condensato, muovendo tutto con una frusta a mano. Dividi poi il composto così ottenuto in ognuno dei tre vasetti, pulendo i bordi, poi chiudi e aggancia.
> Cuoci ora alla potenza di 350 W per altri 3 minuti o finché non intravedi il bollore, a quel punto tira fuori dal microonde i vasetti e lascia riposare a temperatura ambiente. Metti in frigorifero così che il tutto si rapprenda per almeno 4 ore, poi quando vuoi nel giro di una settimana, apri uno o più vasetti capovolgendo il budino direttamente sul piatto. Aggiungi i mirtilli o i lamponi e servi.

SUGGERIMENTI

- È probabile in alcuni casi a seconda del tipo di microonde, che dovrai attendere un minuto in più o alzare la potenza per raggiungere il bollore. Quel momento, in ogni caso, determinerà quando dovrai tirare fuori il budino.

Bonet

INGREDIENTI

120 g di amaretti secchi
4 uova
60 g di zucchero
200 ml di panna fresca e di latte intero
40 g di cacao in polvere
2 cucchiai di liquore all'amaretto
q.b. di panna montata

 15 minuti

 3 minuti

 10 giorni

 4 da 370 ml

 4 persone

 3 / 5

PROCEDIMENTO

➢ Inserisci ¾ di amaretti all'interno di un sacchetto poi schiacciali con l'aiuto di un mattarello. Sguscia ora le uova in una ciotola abbastanza grande, dove aggiungere anche 25 g di zucchero. Frusta a mano il tutto. Versa la panna fresca, il latte intero, il liquore e il cacao in polvere. Frusta di nuovo per ottenere un composto uniforme aggiungendo anche gli amaretti sbriciolati. Lascia riposare per 15 minuti.

➢ Versa sul fondo di ogni vasetto piccolo lo zucchero rimanente, poi quando il bonet avrà finito di riposare, distribuiscilo nei diversi vasetti. Puoi ora chiudere ciascuno dopo aver pulito i bordi.

➢ Fai cuocere per 3 minuti a 350 W o fino a quando vedi l'inizio di bollitura. Spegni e lascia riposare a tappo ancora chiuso per 15 minuti a temperatura ambiente. Sposta in frigorifero per conservare il tempo necessario, quando vorrai servire ti basterà aprire i vasetti capovolgendo il dolce direttamente sul piatto e guarnendo ancora con della panna montata, degli amaretti interi e una spolverata di cacao.

SUGGERIMENTI

- Qualora tu voglia permettere anche a bambini di assaporare questo dolce, dovrai eliminare il liquore, che viene aggiunto per rispettare la tradizione piemontese di questo dolce.

Marmellata di arance

INGREDIENTI

600 g di arance
Metà di una mela
75 g di zucchero

 10 minuti

 4 minuti

 15 giorni

 3 da 370 ml

 8 persone

 3 / 5

PROCEDIMENTO

➢ Lava le arance sotto l'acqua corrente e asciugale con l'ausilio di carta assorbente da cucina. Sbuccia tutte le arance eliminando la parte più fibrosa interna, specialmente dal centro. Riduci le scorze a listarelle e falle bollire in un pentolino con dell'acqua.

➢ Aggiungi lo zucchero alle arance e mescola bene. Poi prendi la mezza mela: sbucciala ed elimina il torsolo; tagliala in spicchi; aggiungila alle arance. Ora dovresti mescolare nella terrina il tutto insieme alle scorze d'arancia ormai bollite.

➢ Dividi la marmellata nei tre vasetti e con la procedura abituale metti nel microonde per 4 minuti alla potenza di 500 W, avendo cura che i vasetti siano stati chiusi. Lascia riposare fuori frigo per 20 minuti prima di porre in frigorifero. I tempi di conservazione della marmellata fresca sono più brevi, anche a causa di un minor apporto di zucchero in proporzione alle dosi.

➢ Quando vorrai servire sarà necessario prima frullare con un frullatore ad immersione la superficie interna di ogni vasetto e mescolare con un cucchiaino.

SUGGERIMENTI

• Puoi copiare questa ricetta per preparare le marmellate o confetture che più preferisci: albicocche, fragole e altro.

Cheesecake con amaretti e pesche

INGREDIENTI

200 g di formaggio fresco spalmabile
200 g di ricotta vaccina
100 ml di panna fresca
2 uova
300 g di biscotti leggeri
60 g di zucchero
40 g di amaretti
40 g di burro
2 pesche sciroppate

PROCEDIMENTO

- Fai fondere il burro in un pentolino a fiamma debole. Trita in un mixer i biscotti e gli amaretti. Ora aggiungi il burro appena fuso e frulla ancora qualche secondo. Distribuisci nei vari vasetti con l'aiuto di un cucchiaio, premendo bene sul fondo.
- Sempre tramite un mixer o delle fruste elettriche, unisci il formaggio spalmabile, la panna, la ricotta e lo zucchero. Aggiungi i rossi e bianchi d'uovo e frulla ancora per ottenere una crema. Versa la crema nei vasetti e prima di pulire e chiudere, batti con un mescolo sulle pareti per eliminare eventuali bolle d'aria.
- Fai cuocere per 3 minuti alla potenza di 350 W o fino a vedere il primo gonfiore. Lascia infine riposare dapprima a temperatura ambiente per 10 minuti, e poi in frigorifero per 2 ore. Quando sarà ora di servire, guarnisci con pesche sciroppate tagliate in fettine sottili e qualche amaretto secco.

 12 minuti

 3 minuti

 7 giorni

 4 da 370 ml

  4 persone

 2 / 5

SUGGERIMENTI

- Questa è solo una preparazione esempio della cheesecake in vasocottura: puoi infatti cambiare i gusti usando delle fettine di fragole, oppure aggiungere nella crema la scorza di limone grattugiata.
- Aggiungi alla base di biscotti la granella di nocciole e poi guarnire con cioccolato fuso

Porridge

INGREDIENTI

30 g di fiocchi di avena
100 ml di latte intero
45 g di lamponi
1 cucchiaino di miele
1 cucchiaino di cocco
q.b. di sale e acqua

PROCEDIMENTO

> Distribuisci all'interno del vasetto i fiocchi di avena, il latte, 50 ml di acqua ed un pizzico di sale, poi mescola bene. Pulisci i bordi e aggancia. Cuoci alla potenza bassa di 350 W per 6 minuti. Fai riposare al termine per un'ora.
> Trascorso questo tempo, ponilo in frigorifero dove potrai conservarlo per una durata di 7 giorni. Nel momento in cui vuoi servire sarà sufficiente sganciare, scaldare un paio di minuti e poi servire, guarnendolo con il miele, del cocco e dei lamponi.

SUGGERIMENTI

- Guarnisci il porridge con frutta secca di tuo gusto se preferisci

 2 minuti

 6 minuti

 7 giorni

 1 da 500 ml

 1 persona

 1 / 5

Panna cotta alle fragole

INGREDIENTI

170 g di fragole
400 ml di panna
50 g di zucchero
8 fogli di gelatina
½ stecca di vaniglia
q.b. di olio di semi

 12 minuti

 5 minuti

 7 giorni

 3 da 370 ml

 3 persone

 3 / 5

PROCEDIMENTO

> Come prima cosa metti in acqua fredda la gelatina, poi mentre aspetti incidi la mezza stecca di vaniglia nel senso della lunghezza. Metti ora a scaldare a microonde la stecca aggiunta a 150 ml di panna, alla potenza di 500 W per 2 minuti. Spennella già i vasetti con l'olio di semi.

> Pulisci le fragole sotto l'acqua corrente e frullane 150 g con l'ausilio di un mixer. Le altre serviranno come guarnizione. Ora strizza la gelatina e uniscila alla panna già riscaldata, in modo che si sciolga completamente. Rimuovi la stecca di vaniglia e sposta la panna in una ciotola insieme allo zucchero, poi mescola bene in modo che si sciolga. Aggiungi ancora le fragole già frullate e rimescola.

> Ripartisci il preparato nei tre diversi vasetti, pulendo i bordi come sempre prima di chiudere e sigillare la guarnizione. Fai cuocere a microonde alla potenza di 350 W per 3 minuti. Al termine della cottura, metti in frigorifero solo quando avranno raggiunto la temperatura ambiente. Lascia riposare al freddo per 8 ore.

> Prima di servire, apri i vasetti poi guarnisci con delle fettine di fragola rimaste.

SUGGERIMENTI

- La caratteristica della vasocottura di questo dolce risiede nella colorazione che prenderà la gelatina sul fondo del vasetto, mentre i liquidi della frutta si rilasceranno dando origine a due strati. Puoi usare naturalmente altri tipi di frutta polposa, come le albicocche od il mango, l'importante è che siano maturi e con molto succo.

Mele cotte

INGREDIENTI

300 g di mele
10 g di zucchero di canna
1 stecca di cannella
q.b. di anice stellato

 5 minuti

 6 minuti

 10 giorni

 2 da 500 ml

 2 persone

 1 / 5

PROCEDIMENTO

> Procedi a lavare le mele ed asciugale con un po' di carta assorbente. Ora tagliale a metà ed elimina il torsolo, poi inserisci le due metà all'interno di ciascun vasetto con la polpa rivolta verso l'alto. Aromatizza con un pezzetto di anice stellato, mezza stecca di cannella e 5 g di zucchero pari ad un cucchiaino. Ripeti l'operazione per il secondo vasetto.
> Pulisci i bordi e chiudi entrambi, poi poni in microonde a cuocere per 6 minuti alla potenza di 500 W. Lascia quindi riposare per 20 minuti. Al termine poni in frigorifero oppure servi a temperatura ambiente.

SUGGERIMENTI

- Prova a preparare delle pesche sciroppate con moscato ed anice stellato, altrimenti anche delle classiche albicocche sono assai buone.

Pere al cioccolato

INGREDIENTI

1500 g di pere
25 g di zucchero di canna
2 stecche di cannella
100 ml di vino bianco
60 g di cioccolato fondente
50 ml di latte

 8 minuti

 6 minuti

 15 giorni

 4 da 500 ml

 4 persone

 2 / 5

PROCEDIMENTO

- Metti in una terrina lo zucchero, la cannella tagliata in pezzi e versaci il vino. Fai in modo che la cannella resti in ammollo all'interno del vino e sciogli lo zucchero, oppure utilizza della cannella in polvere.
- Sbuccia poi le pere lasciando il picciolo intatto. Bagna le pere sbucciate nel vino e distribuiscile poi nei vasetti. Ora chiudili e mettili a cuocere nel microonde per 6 minuti a 500 W. Al termine, lasciale riposare per 20 minuti poi sposta in frigorifero per la conservazione e segui il prossimo passaggio per il servizio.
- Prepara la salsa al cioccolato da utilizzare per accompagnare le pere: scalda il latte in un pentolino, aggiungendo pezzi di cannella e scaglie di cioccolato fondente, mescolando delicatamente a fiamma bassa. Apri le pere e servile, guarnendole con un cucchiaino di salsa al cioccolato.

SUGGERIMENTI

- Per una maggiore coesione tra gli ingredienti, fai oscillare vasetto dopo vasetto senza mai capovolgerlo. Inoltre è consigliabile utilizzare pere sode e non eccessivamente mature.

Mousse all'arancia e mascarpone

INGREDIENTI

2 arance grandi
400 g di mascarpone
2 uova
150 ml di panna fresca
60 g di zucchero

 10 minuti

 3 minuti

 7 giorni

 4 da 370 ml

 4 persone

 2 / 5

PROCEDIMENTO

> Metti le arance a lavale e poi asciugale con carta assorbente da cucina. Grattugia la scorza e mettila da parte. Spremi, invece, il succo e filtralo. Ora in una ciotola riunisci i seguenti ingredienti: i bianchi e rossi d'uovo, lo zucchero, la panna ed il mascarpone. Monta la crema con l'aiuto di una frusta e aggiungi poi la scorza ed il succo di arancia, amalgamando bene sempre con la frusta manuale così da non surriscaldare la crema.

> Suddividi la crema in tutti i vasetti con un mescolo, poi chiudi e sigilla a dovere. Metti a microonde a cuocere per 3 minuti alla potenza di 350 W. Lascia quindi riposare il vasetto fin tanto che torni a temperatura ambiente. Sposta, infine, in frigorifero per il raffreddamento almeno di durata 4 ore prima di servire come una crema semi-solida dolce.

SUGGERIMENTI

- Mantieni il controllo della temperatura dei vasetti, monitorando il gonfiore interno così da spegnere il microonde nel caso aumenti troppo.
- Prova a sostituire le arance con una quantità pari o congrua di lamponi o altra frutta secca dolce che ti piace.

Yogurt dolce

INGREDIENTI

250 g di yogurt greco con 0% grassi
1 uovo
80 g di biscotti integrali
1 pizzico di vaniglia in polvere
20 g di amarene sciroppate
q.b. di dolcificante

 8 minuti

 3 minuti

 7 giorni

 2 da 370 ml

 2 persone

 2 / 5

PROCEDIMENTO

➢ Aggiungi in una ciotola capiente lo zucchero e l'uovo sgusciato, mescolando con una frusta fino all'ottenimento di un composto unico. Versa ora lo yogurt e spargi un cucchiaino o due di vaniglia in polvere poi mescola ancora così da ricavare una crema.

➢ Prendi i biscotti e ponili all'interno di un sacchetto per la conservazione degli alimenti, poi schiacciali con l'aiuto di un cucchiaio od un mattarello. Spargi così i grani di biscotto ottenuti nei diversi vasetti e compattali bene sul fondo di ciascuno.

➢ Spargi a questo punto la crema prodotta in precedenza e dopo aver chiuso i vasetti come da regola, metti a cuocere a microonde per circa 3 minuti a 350 W. Al termine lascia riposare 10 minuti per la formazione del sottovuoto ed una maggiore conservazione in frigorifero.

➢ Arrivato il momento in cui vorrai gustarlo, sposta fuori dal frigorifero e servi quasi subito accompagnando con delle amarene.

SUGGERIMENTI

- Nel caso tu preferisca il gusto più delicato e naturale dello zucchero da cucina, utilizzalo al posto del dolcificante ma regolalo bene considerando che per questa ricetta c'è già la vaniglia in polvere.

Riso con latte al cioccolato

INGREDIENTI

130 g di riso
240 ml di latte intero
300 ml di acqua
1 pizzico di sale
30 g di zucchero
30 g di cacao amaro

 10 minuti

 12 minuti

 7 giorni

 2 da 370 ml

 2 persone

 2 / 5

PROCEDIMENTO

➢ Prendi un vasetto abbastanza grande e versaci il riso con acqua e sale. Mescola bene prima di chiudere e porre in microonde per 5 minuti a 750 W. Al termine, con l'aiuto di un canovaccio, agita il vasetto senza capovolgerlo per unire meglio gli ingredienti. Rimetti poi nel microonde per un altro minuto a 500 W, prima di far riposare a temperatura ambiente per 20 minuti. La prima fase di cottura è conclusa mentre deve iniziare la seconda: apri il vasetto e cuoci così per 5 minuti a 750 W.

➢ Dividi il riso cotto nei tre vasetti e aggiungi: lo zucchero, il cacao ed il latte ben distribuiti tra tutti. Mescola bene ogni vasetto poi puliscine i bordi prima di concludere con l'ultimo ciclo di cottura. Poni i vasetti chiusi nel microonde per 2 minuti a 750 W; interrompi qualora qualcuno inizi a gonfiare. Lascia quindi riposare per 20 minuti così da permettere la formazione del sottovuoto.

➢ Conserva in frigorifero per la durata indicata e quando vorrai servire, apri i vasetti e scalda per 3 minuti a potenza di 500 W.

SUGGERIMENTI

- Prova qualche altra combinazione di gusto sostituendo il cacao con pari quantità di cannella in polvere, o vaniglia o granella di cocco e nocciole. Regola poi aggiungendo più o meno zucchero a tuo piacere.

Crema al panettone

INGREDIENTI

60 g di panettone
1 cucchiaio di frutta secca mista
20 g di burro
1 uovo
10 g di zucchero
120 g di arancia
40 g di mascarpone
1 cucchiaio di panna fresca liquida

 10 minuti

 8 minuti

 2 giorni

 2 da 370 ml

 2 persone

 4 / 5

PROCEDIMENTO

> Fai fondere il burro in un padellino oppure al microonde a potenza bassa. Metti nel contenitore del mixer: il panettone e la frutta secca poi trita tutto a colpi intermittenti così da non surriscaldare. Versa il composto nella teglia con le mani nude e aggiungi il burro fuso, poi riduci sempre con le mani in briciole. Fai ora tostare per 5 minuti a microonde a media potenza con la funzione grill o crisp attiva, altrimenti su padella con fiamma medio-alto mescolando di frequente.

> Sbuccia l'arancia, elimina la parte più fibrosa e ottieni un succo. Poi riversa nel mixer: lo zucchero, l'uovo sgusciato tuorlo e albume, la panna, il mascarpone, il succo d'arancia e una grattugiata di scorza. Frulla tutto per ottenere una crema.

> Dividi a questo punto la crema nei due vasetti, poi dopo averne pulito i bordi, sigilla e metti nel microonde per 3 minuti a 350 W. Appena si gonfia o termina il tempo tira fuori e fai riposare per 10 minuti a temperatura ambiente, prima di spostare in frigorifero per 1 ora. Infine per servire rivesti la crema con il crumble di panettone.

SUGGERIMENTI

- Prova il crumble anche con una base allo yogurt semplice e diversifica secondo il tuo gusto, provando eventualmente a comporre un crumble con granella di nocciola, cioccolato e/o cocco per esempio.

Tiramisù

INGREDIENTI

40 g di savoiardi
100 ml di caffè
1 uovo
10 g di zucchero
100 g di mascarpone
10 g di cacao amaro in polvere

 8 minuti

 3 minuti

 4 giorni

 2 da 370 ml

 2 persone

 3 / 5

PROCEDIMENTO

> Prendi una ciotola e versaci lo zucchero, poi l'uovo intero sgusciato e monta con una frusta elettrica fino ad ottenere una crema fluida spumosa. Ora aggiungi il mascarpone e mescola.

> Riversa in un piatto fondo il caffè così che si distribuisca necessariamente su tutta la superficie, poi adagiaci i savoiardi senza girarli. Taglia ora ogni biscotto in due, dovresti ricavare un totale di circa 8 pezzi. Spostane 4 in ogni vasetto con la parte non bagnata dal caffè rivolta verso l'alto. Spargi sopra la crema di uova e mascarpone ottenuta in precedenza, poi pulisci i vasetti e aggancia.

> Cuoci per 150 secondi a 350 W. A dispetto del breve tempo la crema si gonfierà molto, ma questo è un bene perché ti permette di verificare che non entri troppa aria. Dovrai infatti tirare la guarnizione del coperchio poco per volta così che non si sgonfi, guarnire poi con un colino di cacao amaro e richiudere. Poni infine in frigorifero per la conservazione e raffreddamento, fino al momento del consumo.

SUGGERIMENTI

- Adatta questa ricetta alle proporzioni che preferisci tra i diversi ingredienti, mantenendo sempre ¼ di vasetto libero per il sottovuoto.

Crostatina alla crema di latte con fragole

INGREDIENTI

80 g di biscotti integrali
50 g di burro
400 ml di latte condensato
1 limone
4 tuorli d'uovo
400 g di fragole

 15 minuti

 6 minuti

 4 giorni

 4 da 370 ml

 4 persone

 4 / 5

PROCEDIMENTO

- Prepara delle sagome di carta forno con la dimensione dei vasetti ed inseriscile poi come base di ogni vasetto. Fai fondere ora il burro in un pentolino, poi schiaccia con un mattarello i biscotti dentro un sacchetto per alimenti. Poni nel mixer i biscotti e parte del burro, frulla a mano o elettricamente a media velocità. Il restante burro usalo per spennellare le pareti di ogni vasetto.
- Suddividi ora i biscotti e compattali bene sul fondo dei vasetti. Senza chiudere, metti nel microonde per 4 minuti con la funzione grill a media potenza.
- In una ciotola versa il succo del limone spremuto e uniscilo a una grattugiata di scorza. Aggiungi ancora il latte condensando e i tuorli d'uovo, poi miscela bene con una frusta per ottenere una crema. Versa quindi la crema nei vasetti, prima di pulire i bordi e chiudere questa volta bene prima della cottura.
- Cuoci per 2 minuti a 350 W. Fai riposare per 10 minuti dapprima a temperatura ambiente, poi in frigorifero per due ore. Al termine di questo tempo, le crostatine dovrebbero essere rassodate e pronte a essere servite. Dentro ogni vasetto, gira con una spatola le crostatine, così da staccarle dalle pareti e falle scivolare sul piatto. Lava le fragole e tagliale in tocchetti da usare come guarnizione.

SUGGERIMENTI

- Ottimo dolce da usare anche per fare colazione, si presta bene ad un sapore fresco, come quello della menta. Aggiungi le sue foglie come guarnizione o versa due cucchiai di liquore e mescolalo insieme alla crema già cotta.